Laurent Gaudé
Voyages en terres inconnues
Deux récits sidérants

Présentation, notes, questions et après-texte établis par
Cécile Pellissier
professeur de Lettres

Sommaire

PRÉSENTATION
Laurent Gaudé 5

SANG NÉGRIER
Texte intégral 9

DANS LA NUIT MOZAMBIQUE
Texte intégral 39

Après-texte

POUR COMPRENDRE
Étapes 1 à 8 (questions) 75

GROUPEMENTS DE TEXTES
I) Visages et visions de l'Afrique 88
II) Corps fantastiques 94

INTERVIEW EXCLUSIVE
Laurent Gaudé répond aux questions de Cécile Pellissier 99

INFORMATION/DOCUMENTATION
Bibliographie, filmographie, visites, Internet 107

Présentation

LAURENT GAUDÉ

Laurent Gaudé est un écrivain talentueux. Les lycéens ont su très vite le distinguer en lui attribuant leur prix Goncourt en 2002 pour *La Mort du roi Tsongor*. Il avait alors tout juste 30 ans. Il a ensuite obtenu le prix des Libraires en 2003 pour le même ouvrage, puis le prix Goncourt pour *Le Soleil des Scorta* en 2004. Avant d'écrire ses romans, il publie plusieurs pièces de théâtre, vite remarquées et montées par différents metteurs en scène.

Laurent Gaudé semble avoir toujours été passionné de littérature, de théâtre et d'écriture. Il a fait des études de Lettres modernes à la Sorbonne Nouvelle à Paris et s'est particulièrement intéressé au conflit dans le théâtre contemporain. Il s'est mis très tôt à écrire des textes dramatiques, avec un grand désir de vivre de sa plume. Il a également publié des articles dans plusieurs revues spécialisées, comme *Les Temps Modernes*, *Alternatives théâtrales*, *Du théâtre* ou *Europe*.

Son écriture se nourrit de toutes ses passions. Passion pour le théâtre et tout ce qui est oralité, comme les contes transmis de bouche à oreille, les grands mythes et les légendes… Passion pour les civilisations antiques, la mythologie et les langues anciennes… Passion pour les voyages et pour l'Afrique en particulier… Passion pour l'histoire et l'actualité… Passion également pour la tragédie, pour la puissance des émotions et des sentiments, pour les signes et les symboles, pour l'homme, enfin, qui se débat dans les univers qu'il crée et malmène ensuite.

En 2007, il publie un recueil de nouvelles écrites en marge de ses romans, entre 1998 et 2007. Ces quatre récits, *Sang négrier* (2006), *Gramercy Park Hotel* (1998-2006), *Le Colonel Barbaque* (2005-2006) et *Dans la nuit Mozambique* (2000-2007) se sont nourris des thèmes et des personnages de son imaginaire. Là encore, on rencontre des êtres sordides mais fragiles, hantés par le souvenir et la culpabilité, gagnés par la douleur, la peur, la désillusion et la folie, anéantis et impuissants, mais qui donnent une vie et une force extraordinaires aux pages du livre qu'ils peuplent. Le lecteur les accompagne et les suit dans leurs parcours chaotiques, les précède parfois et les attend, témoin souvent navré du spectacle de leur désarroi. Il écoute leur voix, cri ou murmure, et partage avec eux leurs doutes et leurs interrogations, endosse le lourd vêtement de leur mal-être et accepte pour un temps de faire silence en même temps qu'eux.

Vous allez découvrir deux de ces nouvelles dans le présent recueil. Elles ont en commun un continent, l'Afrique, des personnages, marins au long cours, et abordent un genre, le fantastique.

Laurent Gaudé
Voyages en terres inconnues
Deux récits sidérants

Sang négrier

À Bertrand Py,
Je sais tout ce que mes livres te doivent,
Merci.

Sang négrier

Vous me dévisagez. Vous avez peur. J'ai quelque chose de fiévreux dans le teint qui vous inquiète. Je souris. Je tremble. Un homme brûlé, pensez-vous. Je ne lève pas les yeux. Je sursaute souvent, au moindre bruit, au moindre geste. Je suis occupé à lutter contre des choses que vous ne voyez pas, que vous seriez même incapables d'imaginer. Vous me plaignez, et vous avez raison. Mais je n'ai pas toujours été ainsi. Je fus un homme autrefois.

Aujourd'hui que j'y repense – malgré les années qui ont passé, malgré mon esprit rongé par les cauchemars et les peurs vénéneuses[1], malgré cette méfiance dévorante qui me fait fuir la compagnie des hommes –, aujourd'hui, je sais que c'est ce jour où nous avons commencé à devenir fous, sans même nous en apercevoir. Nous sommes entrés dans une nuit qui allait nous emporter les uns après les autres, et depuis ce jour, je m'en rends compte maintenant, même si mon esprit est troublé – ils le disent tous, ceux que je croise dans les rues et qui parlent à mon passage –, depuis ce jour, oui, la vie ricane dans mon dos. Elle me tord, m'inquiète et me prive de sommeil. Je ne suis plus ce que j'étais. Je fais peur, j'ai des yeux de chat et une maigreur de phtisique[2]. Aujourd'hui pourtant, bien que je sois fou – comme ils le disent, et je ne leur donne pas tort tant je sens en moi d'agitation et de terreur –, aujourd'hui, je revois tous ces instants avec clarté.

---

1. Aux effets néfastes, désastreux.
2. Atteint d'une grave maladie pulmonaire, comme la tuberculose.

« Commandant, il en manque cinq... »

C'est là, lorsque cette phrase a été prononcée, que tout a commencé. L'homme qui se tenait devant moi s'appelait Crombec. C'était un vieux cap-hornier[1] à qui un cordage, un jour de tempête, avait arraché une oreille. Il me fixait avec un air d'enfant fautif, le regard bas, la moue boudeuse. Il ne m'avait pas appelé « capitaine » pour bien me faire sentir qu'à ses yeux, je n'étais que le remplaçant provisoire du vieux Bressac : un second promu par les aléas[2] du sort, rien de plus, pas un vrai capitaine, pas encore.

« Comment ça cinq ? dis-je avec stupéfaction.

— On a recompté trois fois, répondit-il avec calme. C'est certain. Il en manque cinq. »

Je me mordis les lèvres. Cinq nègres s'étaient échappés de notre navire. Cinq nègres sortis du port qui couraient sûrement maintenant dans les rues de la ville. Ils allaient profiter de la nuit pour piller, violer ou faire Dieu sait quoi... À cet instant je sentis que quelque chose venait de naître qui allait nous échapper. Quelque chose de pénible dont nous ne parviendrions pas à nous défaire. Les courants du sort avaient décidé de jouer un peu avec nous et il allait être difficile de s'y soustraire.

---

1. Marin qui a déjà passé le cap Horn, situé à l'extrême sud de l'Amérique, dans des eaux océaniques réputées pour être particulièrement dangereuses.
2. Événements imprévisibles, dus au hasard ou à la fatalité.

Sang négrier

« Foutre Dieu », dis-je, et je me précipitai vers le navire pour rameuter tous les matelots.

Tout avait commencé à Gorée, au large du Sénégal, lorsque le capitaine Bressac eut la mauvaise idée de mourir. Nous y mouillions[1] depuis douze jours : le temps d'acheter le bois d'ébène et de le charger à bord. Nous nous apprêtions à partir pour l'Amérique comme nous l'avions fait tant de fois auparavant mais Bressac tomba malade. Je pris provisoirement les commandes. Les choses étaient simples. Il suffisait de superviser les dernières manœuvres de chargement. Pendant trois jours il ne quitta plus sa cabine. On parla d'abord d'une légère indisposition, puis de fièvre, puis personne ne parla plus de rien. Le médecin que nous appelâmes monta à bord d'un air las et ne quitta plus la cabine. Lorsqu'il en ressortit le soir du troisième jour, ce fut pour nous annoncer la mort du capitaine : la fièvre l'avait bouffé de la tête aux pieds. Il ne restait plus qu'un corps maigre dans des draps salis de sueur.

Bressac mort, c'était à moi qu'il revenait d'assumer le commandement. Il ne fallait pas perdre trop de temps : achever le chargement du navire le plus vite possible et quitter l'Afrique, pour laisser derrière nous la fièvre accrochée aux côtes comme la brume aux rochers les jours de touffeur[2].

---

1. Nous y avions jeté l'ancre.
2. Atmosphère étouffante et chaude.

Aujourd'hui, je m'étonne de ne pas avoir senti que le malheur rôdait autour de nous, que c'était lui qui provoquait ces aléas[1], que c'était lui encore qui suscitait nos décisions. Nous aurions dû nous méfier de nous-mêmes, mais nous n'en fîmes rien. Nous étions encore, à l'époque, des hommes rudes que le vent n'intimide pas. Je pris les commandes. Personne n'eut rien à redire à cela. C'était bien. Du reste, la mort du capitaine n'avait pas affecté les hommes. Ils étaient habitués. Le scorbut[2] accompagnait les navires comme les cormorans[3] accompagnaient les pêcheurs dans la baie de Cancale, et faisait mourir les équipages sans discernement[4].

Mais je fis une erreur qui scella tout. Je ne sais pas comment cette idée a pu naître en moi. Cela, depuis, me tourmente. Nous aurions dû réserver au vieux Bressac le même sort que celui qui nous attendait, chacun d'entre nous, si nous crevions à bord : la mer. Rien de plus. Le bruit des vagues pour seule cathédrale. Mais ce n'est pas ce que j'ai ordonné. Peut-être parce que je connaissais le capitaine depuis toujours. Peut-être parce que je connaissais sa veuve et qu'il me semblait naturel de lui rapporter le corps de son vieil homme. J'ai ordonné de changer de cap : remonter vers Saint-Malo pour y déposer la dépouille[5] de Bressac, et, de là, continuer notre route vers

---

1. Voir note 2 p. 12.
2. Maladie due au manque de vitamine C.
3. Oiseaux de mer côtiers, aux ailes courtes.
4. Sans faire de distinction entre les uns et les autres.
5. Le corps.

l'Amérique. C'était de la folie. Mais personne n'a rien dit. Peut-être que le sort qui avait affecté mon discernement avait aussi brouillé celui de mes hommes pour que nous plongions tous dans l'erreur avec la même assurance. Ou peut-être qu'au fond, cela les arrangeait : ils allaient revoir leurs familles plus tôt que prévu.

Aujourd'hui, je suis sûr que le vieux corps du capitaine m'a maudit d'avoir pris pareille décision. La mer. C'est ce qu'il aurait aimé. Revenir à Saint-Malo pour rendre sa dépouille à sa famille était une aberration. Qui, du reste, pouvait bien vouloir d'un corps puant de plusieurs semaines de putréfaction[1] ?

Nous avons levé l'ancre. L'île de Gorée a lentement disparu. Le gémissement des nègres est monté du ventre du bateau. Ils faisaient toujours cela : gémir lorsque les dernières terres d'Afrique disparaissaient à l'horizon. Nous avions l'habitude. Nous ne les entendions même plus.

C'est ainsi que nous avons mis le cap sur la France, comme un chien le ferait par automatisme à la mort de son maître. Nous ne nous méfiions de rien. Nous chantions sur le pont, sans entendre, sous nos pieds, les dents des nègres qui crissaient et leurs fronts qui frappaient le bois des poutres.

---

1. Décomposition.

BIEN LIRE

P. 12 : quel est le grade du narrateur sur le bateau ? Comment Crombec marque-t-il son manque de considération à son égard ?

P. 13 : sur quel type de bateau les personnages se trouvent-ils ? Que transporte-t-il ?

P. 13, l. 57 : expliquez pourquoi « personne ne parla plus de rien » ?

Après des semaines de navigation, un jour, en fin d'après-midi, nous arrivâmes à destination. Le ciel était bas. Les remparts de la cité nous toisaient avec morgue[1]. Les enfants, sur les quais, nous regardaient à la manœuvre avec des yeux de flétan[2].

J'ai voulu que la première opération soit le débarquement du cercueil du capitaine. La veuve était là. Elle avait été prévenue et attendait sur le quai, flanquée de ses enfants. Nous avons essayé de faire cela dignement. Personne ne lui a dit que son mari puait dans les cales depuis des semaines, que les nègres au-dessous vomissaient jour et nuit d'avoir à partager leur captivité avec un cadavre. Personne ne lui a dit que le vieux Bressac lui-même avait dû prier dans sa mort pour être jeté par-dessus bord plutôt que de traîner de jour en jour sur les mers du monde.

Nous avons descendu le cercueil au rythme lent de la solennité. Nous avons fait cela bien. Une calèche attendait. Nous nous sommes tous mis à sa suite et nous avons marché à travers les ruelles, escortant la veuve et ses enfants. Il y avait là l'équipage entier bien sûr, mais aussi toute la bonne société de la ville : l'armateur[3], certains membres de la capitainerie[4], les nobles, quelques prélats[5]…

Nous enterrâmes Bressac sans douleur, avec seulement la tristesse des hommes face à leur finitude. Nous ne nous doutions

---

1. Nous regardaient avec hauteur, mépris.
2. Grand poisson des mers froides.
3. Celui qui équipe le bateau, qui pourvoit à son approvisionnement et à qui revient une très grosse part des bénéfices commerciaux.
4. Bureau du capitaine du port.
5. Hauts dignitaires de l'Église catholique, comme le cardinal ou l'archevêque.

pas que ces instants étaient les derniers moments de calme que nous connaîtrions.

La foule revint du cimetière en petits groupes épars. Nous avions remis nos casquettes et allumé nos pipes. Nous traînions nos sabots en devisant[1] sur cette foutue fièvre qui vous avalait un homme plus rapidement que la mer. C'est alors que nous entendîmes des cris. Une nuée de gamins venait à notre rencontre en hurlant : « Ils essaient de s'échapper ! Ils essaient de s'échapper ! » Je compris tout de suite qu'il s'agissait de mon navire. Toute la ville était là. La honte me monta aux joues. Comment était-ce possible ? Les nègres étaient sortis ? Comment avaient-ils pu s'échapper du ventre du navire ? Les voix des gamins continuaient à résonner sur le pavé. Le brouhaha s'emparait de la foule. Je sentis que l'on me tiendrait responsable de tout. Il fallait les calmer, les rassurer, leur montrer que je n'étais pas un écervelé inconséquent[2]. « Je m'en occupe », dis-je à voix haute en regardant les visages dans la foule tout autour de moi. Je fis un signe de la tête à mes hommes pour qu'ils me suivent et, tandis que nous étions déjà en train de courir vers le port, je leur lançai avec rage : « On va retrouver ces nègres et on va leur faire passer le goût de la liberté ! »

---

1. Parlant familièrement, de choses et d'autres.
2. Un homme étourdi, qui ne réfléchit pas suffisamment aux conséquences de ses actes.

BIEN LIRE
P. 16 : quelle perception le narrateur a-t-il de l'accueil qu'il reçoit à Saint-Malo ?
L. 15 : comment comprenez-vous « Nous avons fait cela bien » ?
P. 16 : qui assiste à l'enterrement de Bressac ?

Lorsque nous arrivâmes sur le quai, c'était un capharnaüm[1] inimaginable : les badauds[2] se mêlaient aux marins, des enfants, mi-effrayés, mi-excités, couraient en tous sens. Les nègres, eux, sans que l'on sache comment, avaient réussi à ouvrir la trappe de la cale et s'étaient précipités sur le pont. Quelques marins des navires voisins, voyant cela, s'étaient immédiatement chargés de les empêcher d'aller plus loin. Un désordre confus s'était ensuivi. Des coups avaient été échangés. On cria. On frappa. Les nègres, encerclés de toute part, repoussés sur le pont du navire, devinrent fous et tentèrent de sauter sur le quai, comme des hommes qui sautent dans le vide. C'est à cet instant que nous arrivâmes : juste à temps pour éviter qu'ils ne parviennent à se répandre dans le port comme une volée de sauterelles.

Aujourd'hui que j'y repense, leur désir de quitter le pont du navire me semble absurde. J'en sourirais presque. Où comptaient-ils aller ? S'imaginaient-ils vraiment pouvoir disparaître dans cette ville qu'ils ne connaissaient pas ? À moins qu'ils n'aient pas pensé à tout cela. À moins qu'il ne se soit agi que d'une sorte de réflexe de survie. Quitter ce navire. Simplement cela. Quitter ce bateau qui les menait en enfer. Quitter cette cale où ils vomissaient depuis des semaines les uns sur les autres. Descendre. Courir droit devant eux. C'est cela, sûrement, qui les a portés. Mettre le plus de distance entre eux et le bateau. Rien de plus.

---

1. Endroit remarquable par le désordre qui y règne.
2. Curieux, qui restent pour regarder ce qui se passe.

Sang négrier

À notre arrivée, nous nous armâmes de mousquetons[1]. J'abattis aussitôt le premier nègre qui se présenta. Il alla rouler au milieu des autres, le poitrail ouvert. Cela ramena le calme. Plus personne ne bougea pendant quelques secondes. Nous profitâmes de ce moment de stupéfaction pour remonter à bord, en poussant de grands cris et en rouant de coups tous les corps que nous pouvions atteindre. Tout fut réglé assez vite.

J'étais soulagé. La fuite avait été endiguée[2]. Le pire était évité. Je ne perdais pas la face vis-à-vis des autorités de la ville. Avec un peu de chance, même, on louerait la célérité[3] et la poigne avec lesquelles j'avais réglé tout cela.

---

1. Anciennes armes à feu portatives, un peu plus petites que le mousquet.
2. Arrêtée.
3. Rapidité.

BIEN LIRE — P. 19 : comment le commandant et ses hommes s'y prennent-ils pour « endiguer la fuite » ? Quelle est la principale motivation du narrateur ?

Je ne souris pas longtemps. Crombrec remonta de la cale où il avait été remettre un peu d'ordre. Il était là, maintenant, devant moi, la face taciturne[1] et la lèvre molle. Il venait de m'annoncer qu'il en manquait cinq et attendait que je prenne une décision. Comment cela était possible, je ne le sais pas. Personne n'en avait vu s'éloigner mais le fait était là, indéniable[2] comme une vérité arithmétique : il en manquait cinq.

Ils devaient déjà courir dans les rues de Saint-Malo et c'était ma faute. Il allait falloir les traquer, les dénicher là où ils se cachaient. Je descendis du bateau en pestant et, à l'instant où mon pied toucha le quai, je jure qu'un long frisson me parcourut le dos. Je sentis que quelque chose venait de s'abattre sur moi qui me poursuivrait toute la vie.

Il fallait faire vite. Ma réputation était en jeu. Il me les fallait vivants sans quoi j'allais perdre de l'argent et on se rirait de moi. Je regardai mes hommes. Je leur en voulais d'être là et de penser ce qu'ils pensaient. Je savais qu'ils se disaient que cela ne serait pas arrivé du vivant du capitaine. Je voyais dans leur regard que pour eux, j'avais le mauvais œil. Alors je serrai les poings et je les exhortai[3] à partir à la chasse. Quelques instants plus tard, nous sortîmes du port comme une meute en colère.

C'est moi qui entendis les cris de la foule au loin. « Là-bas »,

---

1. Sombre, morose.
2. Incontestable.
3. Je leur ordonnai en les encourageant vivement.

dis-je à mes hommes et ils tournèrent tous la tête dans la direction que j'indiquais, avec la célérité de chiens de chasse. Des cris retentissaient près des murailles. Nous arrivâmes en courant à la Grande Porte. La nuit était déjà tombée mais une foule compacte se tenait serrée au pied des remparts. « Il est là ! » dirent plusieurs mégères[1] à notre passage en montrant le chemin de ronde. Nous montâmes les marches de l'escalier quatre à quatre. Le nègre était tapi dans le renfoncement d'une tourelle. Il avait dû essayer de se cacher, espérant qu'on l'oublie s'il ne bougeait plus. Mais la foule, en bas, n'avait cessé de le montrer du doigt. Il était immobile et terrorisé par ces visages blancs tout autour de lui. Nous avançâmes lentement. « Doucement, les gars, dis-je. Il n'y a pas de raison de l'esquinter. » Le nègre sembla comprendre ce que je venais de dire. D'un coup, il se redressa et nous contempla avec de grands yeux. Il nous dominait de toute sa stature. Puis, sans un mot, il se mit à courir, enjamba la muraille et sauta dans le vide. Nous n'eûmes le temps de rien. Juste de le suivre des yeux et d'entendre l'horrible bruit du corps, de l'autre côté des murailles, qui se disloquait. Je pensai que je venais de perdre un beau sac de pièces d'or, je pensai à ce gâchis et je donnai un coup de pied dans la pierre.

Nous descendîmes les marches et tentâmes de nous frayer un passage dans la foule pour aller récupérer le cadavre. C'est là que

---

1. Femmes qui manifestent leur colère et leur haine avec ardeur.

le duc m'intercepta. Il était flanqué du chef de la garde royale. « Qu'est-ce que vous faites ? » aboya-t-il. Je commençai à répondre que j'allais régler tout cela très vite mais il ne me laissa pas poursuivre : « On a vu comment vous réglez tout cela. » Il avait le visage rouge de colère. « Vous croyez que cela fait bonne impression, dans les rues, des nègres qui sautent des toits et des murailles ? » J'allais répondre mais il me fit signe de me taire. « Maintenant, c'est moi qui me charge du problème. J'ai ordonné un couvre-feu. On va les avoir. Cette nuit. Il faut faire cela méthodiquement. » Et comme je tentais de le faire revenir sur sa décision, il m'interrompit avec sécheresse : « Je sais ce que vous pensez, dit-il, et vous avez raison de le penser : oui, on va les abattre, vos nègres enragés. Vous n'aviez qu'à les tenir plus serrés. Et vous allez même nous aider. J'espère pour vous que nous les aurons avant qu'ils ne fassent trop de dégâts. Car je vous préviens, nous vous tenons pour responsable, toute la ville vous tient pour responsable de cette horrible mascarade[1]. »

Ce faisant, il se tourna vers ses hommes et leur ordonna de disperser la foule. De partout, bientôt, montèrent les cris des gardes qui, en patrouillant dans les rues, répétaient sans cesse : « Couvre-feu ! Couvre-feu ! » La ville se vida en moins d'une heure. La nuit pesait sur les toits. À chaque carrefour, des gardes se mirent en faction[2] et bientôt des volontaires venus de partout les rejoignirent.

---

1. Divertissement.
2. En position pour faire le guet et monter la garde.

Sang négrier

J'ai vu de la joie, cette nuit-là. Je m'en souviens. J'ai vu, dans les visages et dans les regards, la joie de participer à une grande battue[1]. Il y avait, dans les rues de la ville, cette nuit-là, un bonheur inavoué qui se répandait d'un groupe à l'autre, comme la puanteur d'un poisson avarié.

Personne n'osera dire l'excitation qui battait dans nos veines à cet instant. La ville nous appartenait. Nous étions tous armés de bêches, de pioches, de couteaux ou de pistolets. Nous patrouillions en petits groupes à la recherche du moindre bruit, de la moindre silhouette inhabituelle. Personne n'osera dire combien nous avons aimé cela. Et les volontaires étaient toujours plus nombreux. Ils voulaient tous en être. Chasser. Participer à cette nuit où nous avions le droit de tuer, le droit que dis-je, le devoir, pour la sécurité de nos enfants. Toute la ville a aimé cela. Nous avons même prié pour que cela ne prenne pas fin trop vite.

---

1. Action de battre les buissons pour faire sortir le gibier (terme de chasse).

BIEN LIRE

P. 20 : à quel passage précédent peut-on relier le premier paragraphe ?
P. 20, l. 19 : comment comprenez-vous l'expression « avoir le mauvais œil » ?
P. 21, l. 35-36 : pourquoi le narrateur ne veut-il pas « esquinter » le nègre ?
P. 22 : qu'est-ce que le « couvre-feu » ? Pourquoi le duc l'a-t-il ordonné ?

Aujourd'hui, lorsqu'il m'arrive encore d'aller sur le port ou au marché – ces moments se font rares tant la compagnie des hommes m'est insupportable, que dis-je la compagnie, leur simple vision –, aujourd'hui, donc, je ne vois que laideur. Ils le cachent et font comme si rien n'avait jamais eu lieu, mais dans leurs visages lourds et débonnaires[1] de commerçants, je retrouve les sourires de cette nuit-là. Je sais de quoi nous avons été capables. Je sais ce qui est en nous. Cette jubilation[2], nous l'avons laissée s'emparer de nous pour une nuit, pensant ensuite pouvoir la congédier[3], mais elle est là, tapie[4] dans nos esprits désormais. Elle nous a fanés. Et si personne n'en parle, c'est parce qu'il faut bien faire semblant de vivre. C'est pour cela qu'ils me détestent. Je leur rappelle sans cesse cette nuit. Alors, ils peuvent bien cracher sur mon passage, cela n'y change rien : je n'étais pas seul cette nuit-là et je sais que le plaisir de la sauvagerie, nous l'avons tous partagé.

Nous avons arpenté les rues avec nos torches. Le bruit de nos sabots sur les pavés résonnait avec le son sévère de l'autorité. La ville se mit à grouiller de plusieurs rumeurs. On en avait vu un près de la porte Saint-Louis. Un autre sur les toits du marché couvert. C'étaient des géants aux dents qui brillaient dans la nuit. Même nous qui connaissions ces nègres pour les avoir eus

---

1. Inoffensifs, paisibles.
2. Joie exubérante.
3. Faire partir.
4. Cachée en nous.

sous nos pieds pendant trois semaines de traversée, même nous qui savions qu'ils n'avaient rien de géants mais étaient secs et épuisés comme des fauves en captivité, nous laissions dire. Les hommes avaient besoin de cela. Il fallait que croisse la démence pour que nous sortions de nous-mêmes.

Le premier fut abattu une heure à peine après le début du couvre-feu. Le coup de mousquet fit sursauter les rats des ruelles. Il avait été trouvé face au Grand-Bé, sur le point de traverser à la nage pour fuir la ville. De toute façon, il se serait noyé, mais on lui tira dans le dos puis on le ramena jusque devant la cathédrale pour que chacun puisse voir à quoi ressemblaient ces nègres.

Plus tard, un autre fut bastonné par des paysans qui le trouvèrent recroquevillé dans un coin de la rue de la Pie-qui-Boit. Il avait dû faire une chute car il ne bougeait plus. La cheville fracturée, peut-être. Les gardes se jetèrent sur lui avec jubilation et lui brisèrent les os sans qu'il eût le temps de râler sur le pavé.

Le troisième, je le ramenai vivant moi-même. Je le trouvai dans la cave d'un tonnelier, terrorisé et tremblant de faim, je le traînai par les cheveux jusqu'à la place de la cathédrale, je le montrai à la foule, je le forçai à s'agenouiller et je lui tranchai la gorge. Nous avons aimé ce spectacle. Chacun de nous a ressenti au plus profond de lui que c'était ce qu'il fallait faire cette nuit : tenir la bête à ses pieds et l'immoler. Aujourd'hui que j'y repense, je mesure combien nous étions loin de nous-mêmes.

J'aurais dû tout faire pour garder ce nègre vivant. J'avais fait le plus difficile. Je n'avais plus qu'à le ramener au navire et à le plonger à fond de cale avec ses congénères. J'en aurais tiré un bon prix. Mais non. Cette nuit-là, il fallait du sang. À moins qu'au fond, ce ne soit le contraire. À moins, oui, que nous n'ayons jamais été aussi proches de nous-mêmes que cette nuit-là, acceptant pour un temps les grondements de notre être comme seul souverain.

La décapitation du nègre souleva une vague de folie. Tout le monde savait qu'il n'en restait plus qu'un et chacun voulait être celui qui l'attraperait. À l'instant où le corps du supplicié tomba à mes pieds mollement, comme un sac vide qui vient soupirer au sol, un cri lointain monta des toits de la ville. C'était lui, là-bas, le dernier nègre échappé, qui appelait. Il devait se préparer au combat, invoquer les esprits de son peuple ou nous maudire. C'était lui le dernier nègre, là-bas, qui nous défiait.

BIEN LIRE

P. 25, l. 46 : comment comprenez-vous l'expression « tenir la bête à ses pieds et l'immoler » ?

P. 26 : quelles interprétations du cri poussé par le nègre le narrateur propose-t-il ?

Sang négrier

Nous cherchâmes partout, scrutant chaque mètre de ces rues obscures où les chats affolés nous faisaient sursauter. Nous fouillâmes chaque cave. Des hommes descendaient dans les souterrains qui allaient jusqu'au port. La lueur de leurs torches faisait danser les flaques d'eau croupissantes[1]. D'autres montaient sur les toits de la ville. Une vraie battue, lente et systématique. Nous ne ménageâmes pas notre peine. Mais rien : pas d'autre bruit que celui de notre propre agitation, pas d'autre silhouette que celles de nos corps qui s'épuisaient à fouiller les entrailles de la ville.

Au petit matin, la plupart des hommes rentrèrent chez eux. Nous, non. Il ne fallait laisser au fugitif aucun répit. Une nouvelle idée était née en moi. Crombec, sur mon ordre, fit descendre dix nègres du navire. À chacun d'entre eux, il passa une épaisse chaîne autour du cou. Nous prîmes chacun le nôtre, comme un chien que l'on va promener, et nous nous dispersâmes dans la ville. Le son des chaînes sur le pavé annonçait à tous notre arrivée. Nous, nous ne faisions que marcher, l'esclave, lui, devait appeler sans cesse le fugitif, lui répéter qu'il valait mieux se rendre, qu'il ne lui serait pas fait de mal, que c'était fini, qu'il ne pourrait pas aller bien loin…

À la fin de la journée, nous étions toujours bredouilles. Les autorités de la ville me convoquèrent. J'essayai de leur démontrer que le fugitif ne pouvait être que mort : il avait dû se terrer

---

1. Stagnantes, dont l'eau n'a pas été renouvelée depuis un moment.

dans un coin, les chiens le retrouveraient lorsqu'il se mettrait à sentir. Ils ne me crurent pas et décidèrent d'établir une garde de nuit, pour être certains que le fugitif, s'il vivait, ne puisse pas créer d'incident.

Nous prîmes notre tour de garde pour cette deuxième nuit de traque, comme sur un navire, les uns après les autres, patrouillant mollement sur la place de la cathédrale ou le long des murailles. Nous étions persuadés que tout était fini. Je passai la nuit à laisser défiler en mon esprit les images de la chasse de la veille : tous ces hommes au visage défiguré par tant d'excitation.

Ce fut là, au milieu de cette seconde nuit d'attente, que j'entendis le cri de Kermarec. Près de la porte Saint-Pierre. Il appelait avec force. Je courus dans sa direction, persuadé qu'il allait falloir se battre mais, dès que j'aperçus Kermarec, dès que je le vis, pâle comme un linge, les lèvres entrouvertes, me désignant de la main la porte d'une maison, je sentis que le nègre n'était pas mort et que c'était à son tour de jouer avec nous.

> **BIEN LIRE**
>
> **P. 27-28 : observez comment le narrateur assimile le fugitif à un gibier que l'on traque.**

Sur la porte, il y avait un doigt, cloué au bois, un doigt noir, encore saignant, accroché là, comme un porte-malheur. Comment était-ce possible ? Nous restâmes stupéfaits. Les mêmes questions tournaient dans notre esprit sans que nous ayons besoin d'échanger un mot. Pourquoi s'était-il coupé un doigt ? Était-il armé ? Où avait-il trouvé ce clou ? Que voulait-il ? Pendant longtemps nous restâmes face à cette énigme puis, enfin, nous retrouvâmes nos esprits et prévînmes les autres. Les troupes furent regroupées, les torches rallumées. On refit une battue, puis une autre : rien. Un médecin examina le doigt et fut formel : il s'agissait de l'auriculaire de la main gauche. Le fugitif essayait peut-être de nous faire peur. Il ne fallait pas se laisser impressionner. Mais malgré ce que nous essayions de nous dire pour nous rassurer, chacun de nous était terrifié par ce doigt amputé.

Les jours suivants, la chasse reprit. Les gardes avaient maintenant l'habitude mais rien, sinon le vent, ne vint déranger le calme de nos rues endormies.

Les autorités de la ville finirent par décréter une fouille systématique de tous les souterrains. Nous y passâmes des heures, découvrant des boyaux où nul d'entre nous n'était jamais allé. Nous marchions avec la pénible certitude que cela ne servait à rien et que ce n'était pas ici que nous le trouverions. Le soir, lorsque nous remontâmes bredouilles de notre expédition souterraine, la ville était à nouveau dans une excitation inhabituelle. On venait de retrouver un autre doigt cloué, comme le premier, sur une porte. Un index, d'après le médecin.

Le plus extraordinaire, ce qui fit véritablement frissonner les badauds, c'est que le doigt avait été cloué sur les battants de la porte de l'hôtel particulier de l'armateur. Celui-là même qui avait affrété[1] notre bateau. Comment le nègre avait-il su ? Les rumeurs coururent en tous sens. La panique saisit véritablement la ville lorsque le soir même, la fille de l'armateur – une gamine de huit ans – fut écrasée par une calèche. Personne ne put s'empêcher de faire le lien entre les deux événements. Le doigt avait appelé le malheur. Le ciel, désormais, nous regardait avec menace, parce que nous lui faisions horreur.

---

1. Loué, pour faire du commerce.

BIEN LIRE

P. 29-30 : notez l'association des souterrains de la ville au corps humain. Quel est l'effet produit ?
P. 30 : pourquoi la ville est-elle saisie par la panique ?
L. 36 : qu'est-ce que le narrateur désigne par le mot « ciel » ?

Sang négrier

Les semaines qui suivirent furent rythmées par les patrouilles de nuit qui ne trouvaient aucune autre âme vivante – dans les rues – que celles de marins ivres ou de chats tentant de se protéger de la pluie. Régulièrement, nous découvrions un nouveau doigt. Des portes étaient maculées de sang. Le nègre, quelque part, continuait de se couper des doigts et de les déposer, çà et là, comme un défi cannibale. Les maisons étaient toujours choisies avec le même à-propos. Celle de la veuve du capitaine. Celle du chef de la capitainerie. Celle du duc. Comme s'il savait qui était qui et où résidait chacun. Comme s'il voulait désigner au ciel la faute de chacun de ces hommes. Il nous maudissait et le doigt de Dieu était sur nous. Chaque fois, ces doigts furent accompagnés d'un malheur : la femme du duc fit une fausse couche, le chef de la capitainerie fut l'objet de violentes crises de fièvre dont personne ne comprenait l'origine. Ces coïncidences firent trembler le peuple et la même question se mit à tourner sur tous les étals de marché : qui serait le prochain ?

Il me semblait, moi, que la ville s'était mise à vivre, et qu'elle avait entrepris de nous perdre. Elle était l'alliée du fugitif et lui offrait son ombre pour qu'il continue à s'y dissimuler. Ce sentiment, depuis, n'a fait que croître. Aujourd'hui, des années plus tard, je sais qu'elle m'épie. Les murs me regardent. Les pavés des rues ricanent à mon passage. Les maisons ont des doigts, des yeux, des bouches qui m'insultent. Elle vit tout autour de nous et je sais qu'elle ne me laissera pas en paix. Tout m'observe et conspire.

Le sixième doigt fut trouvé devant la porte de la résidence de l'archevêque. C'est ce jour-là que nous embarquâmes. L'escale à Saint-Malo n'avait que trop duré. Il fallait poursuivre : aller vendre aux Amériques nos cargaisons de bois d'ébène, revenir les cales pleines de denrées rares et faire couler l'argent à nouveau.

Au fond, je peux l'avouer maintenant : j'ai hâté le départ ce jour-là, car la peur m'avait saisi. J'étais persuadé que je serais le prochain. Je voulais partir au plus vite pour tout laisser derrière moi et que le nègre choisisse d'autres victimes. Qu'il désigne les quatre derniers coupables tandis que je serais sur la mer, avec mes hommes, loin de tout. J'ai fui, comme un lâche, devant ce malheur que j'avais moi-même apporté.

Tout le monde, je crois, fut soulagé de lever l'ancre. Cet arrêt à Saint-Malo nous avait rendus fous. Nous fûmes heureux de reprendre la mer, d'effacer ces nuits de traque et de laisser derrière nous le nègre manchot.

J'ai su bien plus tard ce qui s'était passé après notre départ. Deux semaines après notre embarquement pour l'Amérique, le dixième doigt fut trouvé devant la porte principale de la ville. Étrangement, la découverte de ce dixième doigt soulagea les habitants. L'éparpillement allait cesser. Et effectivement, jour après jour, semaine après semaine, la tension baissa. Il n'y avait plus rien d'étrange à signaler. La ville reprit vie et le commerce ses droits. Le fugitif était peut-être encore là mais on ne s'en souciait plus. Et d'ailleurs comment aurait-il pu être encore là ? Sans manger. Ni boire. Avec ses deux moignons[1] sanguinolents. Non. Le plus probable était qu'il était mort maintenant, ou qu'il s'était évaporé comme une ombre.

Nous naviguâmes pendant des mois. Personne, à bord, ne parla jamais de ces événements, mais nous avions beau nous le cacher les uns aux autres, nous avions beau nous mentir à nous-mêmes, nous étions devenus des vieillards usés que le moindre craquement de bois faisait sursauter.

---

1. Parties restantes de membres mutilés.

BIEN LIRE

P. 31, l. 7 : expliquez la comparaison « comme un défi cannibale ».

P. 31, l. 21-26 : « Aujourd'hui, des années plus tard [...] conspire. » Quel est le rôle de ce commentaire à l'intérieur du récit ?

P. 32, l. 48 : comment comprenez-vous le terme « éparpillement » ?

Je jure que ce que je dis est exact. Et ne vous arrêtez pas à mon état maladif pour juger de mes propos, à la façon dont mes yeux roulent et dont ma voix s'emballe et se casse. Je suis fou aujourd'hui mais je ne l'ai pas toujours été. Je me souviens encore d'un temps où j'étais ce que les femmes de chambre appellent, avec envie, un gaillard. La tête bien posée, l'esprit clair, les mains sûres et le corps vigoureux, un gaillard qui balayait du revers de la main les contes pour bonne femme. La vie s'amuse avec moi. Elle me ronge sans m'engloutir tout à fait. Elle veut me faire durer. C'est un long supplice qui viendrait à bout des plus solides. Je suis fou à lier, oui, mais je n'oublie rien de ce qui m'a fait chavirer et je dis ce qui fut. Si je vous disais que j'ai vu un chat à deux têtes ou une chienne mettre bas un rat, il faudrait me croire car ces choses-là arrivent. Elles sont si étranges qu'elles font perdre la raison à ceux qui en sont témoins mais ils ne les inventent pas parce qu'ils sont fous, ils sont fous de les avoir vues.

La nuit où nous arrivâmes à nouveau dans le port de Saint-Malo, après plusieurs mois d'absence, tout bascula. À peine mîmes-nous pied à terre, heureux de fouler à nouveau le pavé de chez nous, que nous nous dirigeâmes vers un estaminet[1] avec la ferme intention d'étancher notre soif. Nous bûmes, énormément. D'abord en chantant comme des jeunes gens,

---

1. **Petit café.**

puis dans un silence de tombe, chacun face à sa pinte[1], jusqu'à
nous assommer d'alcool et n'être plus rien.

Je suis rentré chez moi en m'accrochant aux murs des maisons pour ne pas tomber et en traînant mon sac d'une épaule fatiguée. Lorsque je parvins devant chez moi, je mis du temps à trouver ma clef et ce n'est que lorsque j'essayai de la rentrer dans la serrure que je le vis, là, sur le bois de ma porte : un doigt, à nouveau. Un onzième doigt.

À cet instant, je sentis mon corps se dérober et mon esprit lâcher prise. Cela était impossible. Onze doigts. Aucun nègre ne pouvait avoir onze doigts. Je devenais fou. Onze doigts. Je n'ai pas crié. Je suis resté longtemps assis sur le pavé, les yeux fixés sur la porte. Je n'osais ni m'approcher ni m'enfuir. J'ai mis longtemps à trouver le courage de me relever, de décrocher le doigt, de l'enfouir dans un mouchoir et de rentrer chez moi. Je n'ai jamais rien dit à personne. Je ne sais pas pourquoi. Si j'avais parlé, si j'avais appelé mes voisins et réveillé tout le quartier, peut-être aujourd'hui ne me considérerait-on pas comme un fou ? Mais je ne pouvais pas. J'avais honte. Ce doigt, là, sur ma porte. J'avais honte.

Depuis ce jour, les questions n'ont pas cessé de tourner en mon esprit. Combien allaient suivre encore ? Pendant combien

---

1. Récipient qui contient une pinte de liquide, c'est-à-dire l'équivalent de 0,93 litre.

de temps continuerait-il à s'amputer ? Il avait vécu durant tout ce temps. Il avait glané[1] de la nourriture. Il s'était caché de la lumière. Il avait patiemment amputé ses membres et maintenant il continuait et savourait l'effet que cela produisait sur nous. Il avait attendu notre retour. Des mois de silence, jusqu'à ce que nous soyons là, à nouveau. Ce onzième doigt était pour moi. Comment était-ce possible ? À moins qu'ils n'aient la faculté de repousser ? C'était cela. Il devait s'agir d'un monstre. Cela serait sans fin. Il les couperait éternellement pour se rappeler à notre bon souvenir, puis à celui de nos enfants et de nos petits-enfants. Le nègre échappé allait vieillir avec la ville. Dans dix ans, dans cent ans, il serait encore là, riant sur nos tombes et harcelant encore nos lointains descendants.

Je me souviens qu'avant de me relever, cette nuit-là, je me suis agenouillé dans l'eau du caniveau et j'ai pleuré comme un damné[2]. J'étais terrifié. Je ne contrôlais plus mes nerfs. L'idée qu'il était là, quelque part, qu'il me contemplait peut-être, me terrassa.

Depuis cette nuit, je ne suis plus un homme. Je suis une ombre esquintée. J'ai maigri. Je n'ai plus jamais mis le pied sur un navire. Je vis chichement[3]. Je souris. Je tremble. Je me retourne souvent dans la rue. Il me semble l'avoir sans cesse sur

---

[1]. Ramassé un peu partout, comme il le pouvait.
[2]. Affreusement, du fait d'une immense souffrance.
[3]. En me contentant de très peu.

mes pas. J'attends le malheur que le doigt m'a annoncé. Mais au fond, il est déjà sur moi et m'a rongé avec délices. Je ne suis plus l'homme que j'étais. Je ne navigue plus ni ne gagne d'argent. J'attends. Ne riez pas de moi. Je pourrais partir, bien sûr. Tout quitter et mettre le plus de distance entre la ville et moi. Je pourrais essayer d'échapper à son regard, à sa voix. Cette ville me fait horreur. Je sais qu'elle lui appartient désormais, qu'il y règne. Je sais que lorsque le vent, dans les persiennes[1], m'insulte, c'est parce qu'il lui a demandé de le faire. Je sais que lorsque les pavés me font trébucher, c'est parce qu'il les a déplacés. Mais il m'est impossible de partir. Je ne peux pas. Il faut que j'aille au bout et le fait qu'il ait déjà gagné en me rendant fou, le fait que je ne sois qu'une peau vide et un visage creux qui attend de finir, n'y change rien. Il faut que tout s'achève et que ce soit ici. Alors je continue à vivre. Je courbe le dos en marchant. Je sais que l'on me suit. La pluie me cherche. Les oiseaux se moquent de moi. Ne riez pas. Ne croyez pas non plus que je me repente. Rien ne me lavera de mes fautes. Je ne demande aucune rédemption[2]. Je suis laid, je le sais. Les hurlements que les nègres poussaient en voyant disparaître l'île de Gorée me reviennent en mémoire. J'ai peur. Je grelotte. Je me demande combien de temps cela durera. Je vis avec la terreur d'apercevoir un nouveau doigt. Je sais qu'il y en aura encore. Jusqu'à la fin. Je sais. En attendant, la mort ne vient pas. Elle

---

1. Volets à claire-voie, ajourés.
2. Salut de l'âme, grâce au pardon des péchés accordé par Dieu.

me laisse à mon supplice. Je me demande chaque jour combien de temps cela durera. Je vieillis. De jour en jour, de saison en saison, d'année en année, je vieillis. Atrocement.

Juin-octobre 2006
(Peschici-Paris)

BIEN LIRE
P. 35 : pourquoi le narrateur n'a-t-il pas parlé de sa découverte ?
P. 36 : qu'est-ce qui le terrifie particulièrement ?

Dans la nuit Mozambique

Pour Simon Kim,
Ami de toujours, avec qui j'ai été si souvent au Mozambique, le temps d'une soirée.

Dans la nuit Mozambique

L'amiral Aniceto de Medeiros poussa la porte du restaurant et à nouveau – comme chaque fois lorsqu'il était venu ici – la salle lui sembla plus petite que dans son souvenir. Les tables en bois avaient été débarrassées, les chaises retournées. De l'eau de Javel avait été renversée sur le sol. Tout était calme et silencieux.

« On ne sert plus, monsieur. »

La voix avait jailli du fond de la salle. Un jeune homme était là, les mains dans un seau d'eau. Il devait avoir quinze ans. L'amiral fit un petit signe de la main pour dire qu'il savait bien qu'on ne servait plus – c'était même pour cela qu'il avait attendu cette heure pour venir. Il voulait revoir cette salle vide, au repos, mais cela, il ne le dit pas au jeune homme. Il avisa une chaise qui n'avait pas encore été retournée et s'assit calmement.

« Monsieur ? » Le jeune homme était devant lui. Il s'essuyait les mains dans un chiffon sale et avait l'air agacé par l'effronterie de ce monsieur qui s'asseyait alors qu'on venait de lui dire que c'était fermé.

« Dis à Fernando que l'amiral de Medeiros est là… » La phrase avait été prononcée calmement, d'une voix lointaine et douce, en souriant, mais elle eut sur le jeune homme un effet brutal. Le titre d'amiral, peut-être… Toujours est-il que le garçon disparut en courant, manquant de renverser son seau.

L'amiral resta seul. Il contempla la salle avec un bonheur salé de nostalgie. Combien d'heures avait-il passées ici ? Un repas tous les ans, tous les deux ans parfois... Même si la soirée durait toujours jusqu'à la fermeture – et bien au-delà –, cela ne faisait pas tant que cela... Et pourtant, il lui semblait que ce lieu lui était plus familier que sa propre maison. Ce qui s'était dit ici, les mots, les conversations, les rires, les confessions, en restait-il quelque chose dans la patine[1] des murs, sous les carreaux de porcelaine bleue ? Il savait bien que non et cette certitude lui sembla d'une horrible cruauté.

« Amiral... »

La voix avait claqué avec ce timbre débonnaire[2] et franc qui la caractérisait. Un homme d'une cinquantaine d'années était maintenant face à Medeiros, la mine réjouie. Il avait peut-être encore un peu grossi, à peine. Son corps avait toujours eu la robustesse des petits taureaux. Les membres courts, le cou épais, une vivacité inattendue dans les mouvements, Fernando Pimenta avait le regard heureux des hommes qui vivent la vie qu'ils s'étaient imaginée. Il avait réussi à monter son restaurant. Il aimait ses clients. Il aimait sa cuisine et le bout de trottoir sur lequel il posait sa chaise, une fois le service fini, pour fumer une cigarette.

---

1. Couleur uniforme donnée par l'usure du temps.
2. Accueillant et empreint de gentillesse.

« Amiral, je vous sers quelque chose ? Il me reste des dorades, des acras[1]... »

Medeiros déclina l'invitation. Il ne voulait pas manger. Surtout pas ici. Cela aurait été comme une trahison. Fernando sembla se faire la même réflexion car avant même que l'amiral ait pu décliner son offre, il fit un geste de la main pour montrer qu'il regrettait sa proposition.

« Oui. Non. Bien sûr. Alors juste un café. Ça, nous pouvons. Un café. Tous les deux. »

Avant même que l'amiral ait répondu, il disparut. On entendit sa voix en cuisine qui congédiait le jeune homme, lui disant qu'il fermerait lui-même, puis quelques bruits de tasses. Le percolateur[2] cracha au loin son jet de dragon. Aniceto de Medeiros sentit l'odeur du café lui parvenir. Il sourit. Il était heureux d'être venu.

Lorsque Fernando eut déposé les tasses de café sur la table et qu'il se fut assis, l'amiral le regarda et lui dit :
« Le Mozambique me manque.
– Moi aussi », répondit le patron du restaurant.
Aucun d'eux n'était jamais allé au Mozambique, et pourtant

---
1. Boulettes de poisson frit.
2. Machine à café.

rien n'était plus vrai, pour chacun de ces deux hommes, que ce manque qu'ils venaient d'exprimer. Ils se turent un temps, partageant ce sentiment comme on le fait avec un bon alcool qui a vieilli une vie d'homme en cave. Puis l'amiral reprit :

« Je ne crois pas que nous y retournerons.

– Non », répondit Fernando. Avant de demander à son ami avec un regard d'enfant : « Vous croyez qu'il est parti définitivement ? »

L'amiral fit une moue pour dire que rien n'était certain, mais rien exclu non plus. Puis il regarda le café noir dans sa tasse déjà à moitié bue et dit :

« Avec la mort de Da Costa l'année dernière, nous voici bien seuls, Fernando.

– Vous savez ce qui me manquera le plus, amiral ? »

L'amiral regarda la bonne face de son ami. Il fit non de la tête pour inviter son interlocuteur à poursuivre.

« Qui va nous raconter de nouvelles histoires ? »

À cet instant, l'amiral crut qu'il allait pleurer. C'était bien cela. C'était exactement ce manque-là qui l'avait poussé à venir retrouver Fernando et revoir ce restaurant. C'était cela mais il n'avait pas su se le formuler et ce n'était que maintenant que la chose était nommée qu'il sentait l'émotion le submerger. Qui leur raconterait de nouvelles histoires ? Qui finirait l'histoire du Mozambique ? Aniceto de Medeiros était triste. Il murmura : « Je sais, Fernando » et, pour ne pas pleurer, il but d'un geste sec son reste de café.

Pendant longtemps, ils ne dirent plus rien. Ils avaient le

regard vide. Les mêmes images emplissaient leur esprit. La même voix résonnait dans leur mémoire. Le Mozambique était là, tout autour d'eux, à nouveau. Ils le laissaient renaître. C'était comme d'inviter leurs deux amis disparus à s'installer à leur table. Ils se turent longtemps pour ne pas briser cet instant de partage où les odeurs des repas d'autrefois emplissaient à nouveau la salle. Ils furent heureux dans ce silence, pleins de la chaleur réconfortante du passé.

BIEN LIRE

P. 41 : où se trouve l'amiral, à quel moment de la journée ? Situez aussi l'époque et le pays.
P. 42, l. 24-25 : expliquez « un bonheur salé de nostalgie ».
P. 43-44 : comment l'auteur ménage-t-il un certain suspense pour le lecteur ?

Ils se réunissaient toujours chez Fernando. Autour d'une de ces tables en bois sur lesquelles le patron disposait délicatement de longues nappes en papier. Ils n'arrivaient jamais avant 22 heures. Sans que jamais personne en ait parlé explicitement, cette heure tardive avait été élue par tous pour que le restaurant commence à se vider lorsqu'ils arrivaient et qu'ils puissent avoir le sentiment, au fur et à mesure qu'avançait la nuit, que le lieu leur appartenait. Et puis il fallait que Fernando puisse venir les rejoindre le plus vite possible, s'asseoir à leur table et n'en plus bouger – ce qui était impossible avant la fin du premier service.

Ils aimaient ce vieux restaurant où la porte des cuisines restait toujours ouverte – laissant s'échapper de chaudes odeurs de fritures marines –, où les bouteilles de vin, lorsqu'on les débouchait sous leur nez, poussaient de longs soupirs de table.

Ils se retrouvaient là, une ou deux fois par an. Jamais à date fixe. C'était au gré des disponibilités de chacun. Et il était rare, pour tout dire, que ces quatre hommes soient dans leur ville natale au même moment.

Lorsqu'un rendez-vous était fixé, c'était toujours le même protocole[1]. L'amiral de Medeiros téléphonait pour réserver une table. C'était à lui qu'incombait cette tâche. À partir de cet instant, Fernando ne vivait plus que pour cette soirée : il mettait de côté ses plus beaux poissons et rêvait à mille entrées inédites

---

1. Les mêmes façons de procéder.

qu'il pourrait offrir à ses amis. Lorsqu'ils arrivaient, le patron leur ouvrait la porte lui-même et les débarrassait de leur vêtement. Il serrait les mains tout en essayant de se souvenir de la date exacte où ces hommes étaient venus pour la dernière fois manger ses poissons frits et sa brandade de morue, goûter son vin blanc et perdre un peu de temps sur ses lourdes chaises en cuir. À peine étaient-ils assis que Fernando revenait des cuisines avec quatre petits verres scintillants d'alcool et quelques amuse-gueules. Ils trinquaient, passaient la commande, puis le patron les abandonnait à leur repas.

Il les retrouvait plus tard dans la soirée, lorsqu'il avait fini de servir les autres clients et qu'un peu de répit lui était accordé. En attendant, les trois amis discutaient à bâtons rompus et faisaient honneur à leur hôte en savourant, avec jubilation[1], leurs poissons.

Il y avait là l'amiral Aniceto de Medeiros, le contre-amiral Da Costa et le commandant Manuel Passeo. Les trois hommes s'étaient connus à l'école de la marine. C'étaient à l'époque trois jeunes officiers aux mains gantées et au regard profond, assoiffés d'écume, prêts à naviguer jour et nuit sur les mers du monde. Trois jeunes hommes à qui la vie allait réserver des hoquets[2] imprévus. Le commandant Manuel Passeo, le premier, perdit son regard conquérant. Une histoire d'insubordination[3]. Une

---

1. Manifestation joyeuse de plaisir.
2. Ici, difficultés, empêchements.
3. Indiscipline, rébellion.

bagarre avec un supérieur. Il quitta la marine avant la dernière année d'école, mais ne put se résoudre à quitter la mer. Ces mots qu'il prononçait avant du bout des lèvres, cette désignation honteuse de « marine marchande », il la fit sienne et devint ce que ses camarades appelaient en riant un marinier[1]. Le contre-amiral Da Costa se maria. Quelques années plus tard, sa femme tomba malade. Une forme rare de dégénérescence nerveuse[2]. Il fallut être toujours plus présent. Da Costa espaça de plus en plus les missions, jusqu'à demander à ne plus partir. Il fut nommé à l'Arsenal de Lisbonne – poisson exilé dans le sable. L'amiral de Medeiros tint, lui, son pari marin, son appétit d'algues et d'écume. Mais au bout de cette vie de voyages, il lui semblait parfois n'avoir rien appris de plus que ses camarades.

Ils se réunissaient parfois, donc, dans le restaurant de Fernando et il était de coutume qu'un d'entre eux prenne la parole et raconte une histoire. Et c'était comme de prendre la mer, comme ça, de nuit, tous les quatre ensemble, comme cela n'arriverait jamais dans la vie, sans uniforme, sans grade, tous les quatre portés par le même flot et plongés dans la même ivresse de l'écoute.

---

1. Dans la marine marchande, marin qui a un rang intermédiaire entre le matelot et l'officier.
2. Modification des tissus nerveux, ce qui perturbe leurs fonctions.

BIEN LIRE

P. 46-47 : comment le narrateur insiste-t-il sur l'habitude qui réunit les personnages ?
P. 46, l. 13-14 : expliquez « les bouteilles de vin [...] de longs soupirs de table ».
P. 47, l.42-43 : expliquez « assoiffés d'écume ».
L. 56 : expliquez « poisson exilé dans le sable ».

La dernière fois qu'ils s'étaient retrouvés remontait à deux ans. C'était une belle soirée de juin 1978. Le contre-amiral Da Costa montrait déjà les premiers signes de la maladie qui allait le tuer un an plus tard, amaigri comme un pauvre animal.

Ses amis furent frappés, à son arrivée, par la fatigue de son visage mais, comme il ne parla pas de son mal, personne ne lui posa de questions.

Ce soir-là, ils mangèrent avec bonheur. Puis, lorsque le restaurant se fut vidé et que Fernando ferma la porte à clef, ils se poussèrent en arrière sur leur chaise. Fernando apporta des cafés et une bouteille d'alcool de cerise en demandant, avec un regard d'enfant :

« Bon. Qui commence ? »

Le contre-amiral Da Costa plissa les yeux doucement, en faisant un petit geste de la main pour attirer l'attention de ses amis :

« Ça n'est pas une histoire, dit-il avec un air penaud, comme s'il voulait s'excuser de ne pas respecter les règles habituelles de leur cérémonie. Plutôt une question que je voudrais vous soumettre.

– Si c'est l'heure de philosopher, il va nous falloir plus de vin », dit Medeiros en riant.

Fernando attrapa la bouteille et remplit les verres de ses hôtes dans un silence plein de plaisir et d'impatience.

« Alors voilà, commença le contre-amiral, laissez-moi vous raconter une petite histoire qui est arrivée à un de mes cousins, il y a cinq mois de cela. C'était un homme de soixante-deux ans. Il devait marier sa dernière fille. Nous avons tous été invités. La fête devait avoir lieu à Mogadouro, un petit village accroché à la montagne. Tout était prêt. La jeune mariée comptait les jours qui la séparaient de ses noces et les mères s'affairaient en tous sens. »

Le contre-amiral fit une petite pause. Les joues creusées par la maladie lui donnaient parfois des airs de vieille femme.

« Le jour du mariage, continua-t-il, je suis arrivé tôt chez mon cousin. Nous avons pris un café ensemble. Il était très impressionné par la famille du marié : une famille plus nombreuse, plus riche et qui était venue tout entière de Lisbonne. Lorsque l'heure de la cérémonie approcha, nous nous sommes mis en chemin ensemble. L'église était située tout en haut du village. Il fallait gravir une montée très abrupte. Le soleil chauffait. En pleine marche, mon cousin se sentit mal. Ses jambes flanchèrent. Je ne pus le soutenir. Il s'affaissa de tout son long sur le trottoir, terrassé par une crise cardiaque. Il est mort là, dans mes bras, au milieu de toute sa famille en habit de fête. »

Le contre-amiral fit une pause dans son récit. Il but un peu de vin avec parcimonie[1] et cette précaution n'échappa à personne, tant ses amis étaient habitués à le voir avaler des bouteilles entières avec une soif de barbare.

« Vous imaginez ce qu'il se passa. Nous plongeâmes de la fête à l'horreur. Personne ne pouvait y croire. Les fiancés pleuraient

---

1. En en prenant très peu.

à chaudes larmes. Les tables furent desservies et les musiciens renvoyés chez eux. Beaucoup d'entre nous, ce jour-là, maudirent le ciel de se jouer des hommes avec pareille cruauté.

— Ton histoire est horrible, dit le commandant Passeo d'un air accablé.

— Une vraie dévastation, murmura Fernando.

— Quel est le problème dont tu voulais nous parler ? » demanda Medeiros qui n'avait pas perdu le fil du récit.

Le contre-amiral plissa les yeux, heureux que l'on se souvienne de son amorce.

« J'ai beaucoup réfléchi à tout cela, dit-il. Et la façon dont s'est passée cette journée ne me semble pas juste. Ce n'est pas ainsi que nous aurions dû faire. Nous avons tout annulé et nous avons plongé dans la douleur, soit. Mais ma question est la suivante : pourquoi est-ce que le cœur de l'homme ne peut pas accueillir en son sein deux sentiments contradictoires et les laisser vivre ensemble ?

— Je ne comprends rien, dit Fernando avec une mauvaise humeur de vigneron.

— Je m'explique, reprit le contre-amiral, est-ce que le plus juste n'aurait pas été de maintenir la noce ? de marier les jeunes gens et d'enterrer le père, le même jour ?

— C'était condamner les mariés à une noce bien triste, fit remarquer Medeiros.

— C'est bien ce que je dis, renchérit le contre-amiral. Pourquoi l'homme est-il incapable de cela ? La vie en est bien capable, elle. Elle nous chahute sans cesse, nous projette du bonheur au malheur sans logique, sans ménagement. Je rêve d'un homme capable d'assumer cette folie. Pleurer les jours de joie et rire en pleine douleur. C'est cela que nous aurions dû faire. Maintenir la noce, et chacun d'entre nous aurait pu à la fois danser, bénir les jeunes gens et pleurer celui que la mort venait d'avaler. Une seule et même soirée puisque le sort en avait décidé ainsi. Est-ce que cela n'aurait pas été plus juste ? »

Les trois amis ne répondirent pas tout de suite. Chacun essayait d'imaginer ce qu'aurait été pareille noce – mélange étrange de larmes et de feux d'artifice.

« Tu as raison, dit finalement Medeiros, il aurait fallu faire ainsi. »

Le contre-amiral but un grand verre d'eau, signe qu'il avait fini et ne parlerait plus.

Fernando se leva et disparut un temps en cuisine. Lorsqu'il revint, il portait un plat couvert de choux à la crème.

« Les douceurs de l'Apocalypse[1], dit-il en présentant à ses amis le résultat de son labeur.

— Quel nom ! s'exclama Passeo en riant.

— D'où sors-tu cela ? demanda Da Costa.

— Je vais vous expliquer, dit Fernando avec gourmandise. Et ce sera un peu mon histoire à moi. Mais d'abord, il faut goûter... »

Ils s'exécutèrent. Les choux étaient enrobés d'un sucre glacé

---

1. La fin du monde.

parfumé à l'écorce d'orange. C'est ce goût-là qui prenait d'abord le palais : une amertume[1] puissante, persistante. Puis,
105 délicatement, les saveurs de la crème prenaient le dessus, emplissant les papilles[2] d'une molle douceur alcoolisée.

« Qu'est-ce que ces petites merveilles ont à voir avec l'Apocalypse ? demanda le contre-amiral Da Costa, déjà pris par une furieuse envie de se resservir.
110 – Vous savez ce qu'il se passera à Lisbonne le jour de l'Apocalypse ? » demanda Fernando d'un air malin.

Les trois hôtes firent non de la tête.

« Rien, reprit le cuisinier, il ne se passera rien. Le Portugal est toujours en retard. Le jour où le monde sombrera, où le ciel
115 s'ouvrira et où des déluges de feu détruiront les hommes, il ne se passera rien à Lisbonne. Même pour l'Apocalypse, nous serons en retard. Pendant quelques jours, il fera encore bon vivre ici tandis que partout ailleurs le monde croulera. »

Passeo et Medeiros sourirent. Da Costa, lui, fronçait les sour-
120 cils. Il ne parvenait toujours pas à faire le lien avec les choux.

« Et alors ? dit-il.

– Alors – répondit Fernando avec malice, comme un magicien qui constate avec bonheur la stupéfaction sur le visage des spectateurs – qui vous dit qu'elle n'a pas commencé à l'instant ?
125 L'Apocalypse est là, tout autour de nous. Il ne nous reste que quelques jours pour jouir de cette belle lenteur. Croquez dans les choux. Profitez. Partout ailleurs, le monde brûle peut-être ! »

---
1. Saveur amère.
2. Parties de la muqueuse de la bouche qui permettent d'avoir le sens du goût.

Les amis s'esclaffèrent et chacun se resservit avec délices, imaginant, pour rire, que l'histoire de Fernando fût vraie et qu'à l'instant, New York, Londres, Paris et Tokyo fussent en train de brûler. Ils restaient là, eux, dans la lenteur de l'air lisboète[1] et rien ne comptait plus que la douceur des choux qu'ils partageaient.

La soirée aurait pu s'achever là. Ils auraient pu, lentement, laisser la conversation s'éteindre dans le fond de leur verre mais le commandant Passeo n'avait pas encore vraiment parlé. Ce fut son tour, et les autres, tout à leur bonheur d'écouter, loin de leur propre vie, oubliant les traces et le poids des choses, tirèrent sur leurs petites cigarettes avec des yeux d'enfant. Le commandant Passeo commença son récit et tout le monde sentit qu'il prenait la parole pour longtemps. C'était bien. Le reste n'avait pas d'importance. Lisbonne dormait. Ils étaient entre eux, et les mots de Passeo flottaient dans la salle, entre la fumée des cigarettes et le sourire de ses amis.

« Je me suis longtemps demandé si nous étions plus riches ou plus pauvres d'avoir épousé cette vie de mer, dit-il. Pour être honnête, mes amis, j'ai longtemps considéré que tant d'errance et d'allers-retours, tant de milles[2] parcourus et d'océans traversés ne pouvaient qu'appauvrir la vie d'un homme. Au fond,

---

1. De Lisbonne.
2. Un mille marin correspond à 1 852 m.

nous savons très bien, vous et moi, qu'au terme du voyage, nous n'avons qu'un peu d'eau au creux des mains, rien de plus. Et notre entêtement à vouloir naviguer n'est peut-être qu'un désir obstiné de pauvreté. Il n'y a pas d'or au fond des mers. Il n'y en a pas eu, ni pour vous ni pour moi. Je suis un vulgaire marchand. J'ai beau avoir sillonné les océans, longeant toujours les côtes par peur de la haute mer pour laquelle mon bateau n'est pas fait, j'ai beau avoir transporté dans mes cales tout ce dont l'homme peut faire commerce, et connu dans mes mains toutes les monnaies qu'il a inventées pour payer, je reste plus pauvre que le jour où je quittai mon village. Les billets que l'on m'a donnés en échange de mes commerces, les trente années de billets accumulés n'ont servi qu'à me noircir un peu les doigts, rien de plus. Mais il m'est arrivé quelque chose qui rachète tout. Une histoire qui vaut trente ans de trafics, trente ans de grimaces et de bakchichs[1]. Plus précieuse que mon bateau. Tant et si bien que si vous me demandiez aujourd'hui qui je suis, je ne vous dirais ni mon nom, ni mon âge, ni que je suis marin ou portugais, je dirais sans hésiter que je suis celui qui connaît l'histoire de la fille de Tigirka. Et cela suffit. »

Le commandant fit une pause. Il prit son verre entre les mains et but une gorgée de vin. Lorsqu'il le posa sur la table, il contempla le visage de ses amis. Aucun des trois n'avait bougé. Ils attendaient avec de grands yeux impatients. L'heure ne comptait plus, ni leur âge, ni leur fatigue. Ils écoutaient.

---

1. Pots-de-vin (dans les pays orientaux).

« Vous savez tous de quoi je vis, reprit Passeo. Vous avez toujours eu la gentillesse de ne pas m'en tenir rigueur et de continuer à me compter comme un des vôtres, vous qui appartenez à la marine nationale. Je suis marchand. Je vends, j'achète, je fais de l'argent. Depuis plus de trente ans, je longe les côtes du Mozambique, de port en port. Mes cales se vident et s'emplissent. Je charge, je décharge, on me paie, je repars. Je connais bien ce pays et cela vous surprendra peut-être mais je l'aime. Malgré sa pauvreté, sa corruption et la guerre larvée[1] qui lui mange les flancs. L'indépendance ne m'a pas chassé. Je suis marchand. Je n'ai jamais prétendu appartenir à ce pays. Et l'indépendance n'a pas brûlé les champs de cannes à sucre, ni les réserves de noix de cajou. Il y a là-bas encore de quoi remplir un bateau, alors je remplis le mien. Sucre, thé, noix de cajou. De Beira à Maputo, du Mozambique à l'Afrique du Sud. Sucre, thé, noix de cajou, aller-retour. Vous vous doutez bien qu'il n'y a pas que cela. Je transporte quelques armes, que l'on m'achète contre quelques diamants. L'Afrique du Sud regorge d'or et de pierres précieuses et je n'ai pas la prétention d'être insensible à ces richesses. Vous voyez, mes amis, je suis comme la plupart des hommes, pas vraiment pirate mais un peu filou. Toutes ces choses-là ne sont pas légales, mais qu'est-ce qui est légal au Mozambique ? Il y a encore une chose que je transporte parfois dans mes cales : quelques passagers clandestins. Les routes du

---

1. Qui n'éclate pas.

pays sont impraticables. Les trains sont lents et chers, trop chers pour les paysans qui quittent les rives du Zambèze avec l'espoir de trouver du travail à Maputo. Le bateau est encore le moyen le plus économique et le plus sûr de voyager. Alors je fais comme tout le monde : à Beira je laisse monter quelques pauvres types contre une poignée de billets. Les autorités ferment les yeux. Disons plutôt que je paie les autorités pour que personne ne vienne voir de trop près s'il n'y a que des noix de cajou dans mes cales. Le bruit s'est vite répandu à Beira que le commandant Passeo offrait ce genre de service. Et il n'y a pas de voyage que je fasse sans que quelques clandestins hantent mon bateau. Au fond, je vous avoue que j'aime bien cela. En multipliant tous ces petits trafics, j'ai le sentiment imbécile d'être autre chose qu'un commerçant. Je sais bien que c'est faux. Je suis un petit trafiquant. Tout ce qui peut tenir dans mes cales, tout ce qui a un prix, hommes, femmes, armes, diamants, épices et canne à sucre, je le prends et je le convoie. »

Aniceto de Medeiros contemplait le commandant Passeo. Lorsque celui-ci suspendit son récit, il ne le quitta pas des yeux. Il le vit plonger la main dans la broussaille de ses cheveux, se frotter la tête, comme pour ne plus avoir à soutenir le regard de ses compagnons et être seul, un temps, avec lui-même. Qu'avaient vu ces yeux ? Qu'est-ce qui rendait cet homme si lointain ? D'où venait cette fatigue qu'il avait parfois sur le visage et qui donnait l'impression qu'il était allé aux confins du monde ? L'amiral ne pouvait s'empêcher de se poser toutes ces questions, mais lorsque la voix de Passeo retentit à nouveau, elle balaya tout et il reprit son écoute, avec une attention d'enfant dont il ne pensait plus être capable.

« De cette nuit, je n'ai rien oublié. Nous avions appareillé à Beira. Le bateau faisait route vers Maputo. Il y avait une odeur puissante qui montait des cales, une odeur de sel et d'épices. Nous avions embarqué et il y avait plus de clandestins qu'à l'ordinaire. Ils devaient être une vingtaine, hommes et femmes mélangés, tous paysans que la terre ne nourrit plus, tous pauvres fous qui veulent tenter leur chance à Maputo et qui vont se faire broyer dans une ville de fièvre et de poussière. Les hommes, dans le meilleur des cas, trouveront une place dans d'immenses chantiers interminables. Les femmes, elles, ne trouveront rien. Elles le savent mais elles suivent leur homme en priant pour qu'il ne soit pas broyé trop tôt par les chenilles d'un caterpillar[1].

J'avais ordonné à mon second d'ouvrir les cales. Beira était déjà loin derrière nous et je n'aime pas laisser ces pauvres gens là-dessous, dans l'humidité de la mer qui transpire son sel à travers la coque. Ils pouvaient bien profiter, eux aussi, de leur dernière nuit avant la tourmente des chantiers. Nous avons ouvert les cales et ils ont envahi le pont de leurs silhouettes peureuses, comme un peuple de gueux[2] dans un salon bourgeois.

---

1. Marque de gros engins de chantier pour travaux de construction, débroussaillement ou terrassement.
2. Miséreux.

Je me suis retiré dans ma cabine après avoir vérifié auprès de mon mécanicien que tout allait bien. Je voulais dormir un peu. Je ne savais pas que la grande nuit d'Afrique, ce jour-là, ne m'accorderait aucun sommeil.

Une heure ou deux plus tard, j'ai été tiré de ma somnolence par des cris. Une bagarre avait éclaté sur le pont. Cela arrive parfois entre les clandestins et mes hommes qui essaient de leur soutirer encore un peu d'argent. Je m'empressai de m'habiller. Les cris là-haut redoublaient d'intensité. J'étais en train de monter les marches quatre à quatre lorsqu'un cri strident de femme me déchira les tympans. Je bondis sur le pont, je fendis la foule en hurlant que tout le monde se pousse, qu'on m'explique ce que signifiait ce raffut, mais il était trop tard. Sur le pont de mon navire gisait une femme, face contre terre, morte. Mes lèvres se mirent à trembler. Je regardais tous ces visages autour de moi, impassibles, inexpressifs, bouches entrouvertes, regards stupides de badauds[1]. Je ne comprenais rien. Je demandai que l'on m'explique. Un de mes hommes prit alors la parole pour me dire ce qu'il avait vu. »

Le commandant Passeo alluma une cigarette et ce fut comme si ce geste marquait une sorte d'entracte. Ils sortirent tous de leur immobilité. Fernando se leva même. Qui voulait un peu d'eau ? Combien de cafés devait-il refaire ? Est-ce qu'un peu de flan à la fleur d'oranger ferait plaisir à quelqu'un ? Medeiros et

---

1. Ici, spectateurs, juste témoins.

Passeo reculèrent leur chaise pour étendre un peu leurs jambes. Le contre-amiral Da Costa se leva pour aller aux toilettes. Le petit cercle s'anima mais cela ne dura qu'un temps. Lorsque enfin ils furent à nouveau tous à table, lorsque les cafés furent servis et les verres remplis, Passeo poursuivit son récit et Lisbonne, à nouveau, disparut.

« Au milieu de la nuit, expliqua-t-il, une femme avait pris à partie un homme. Personne ne sut me dire quelle était la raison de cette altercation[1]. La dispute dégénéra et c'est alors qu'il se produisit quelque chose d'étrange : les hommes présents, en une seconde, se jetèrent tous sur elle et la rouèrent de coups. Avant que mes marins ne puissent s'interposer, ils l'avaient tuée. La foule l'avait battue à mort, en quelques instants. Comme un essaim de haine. J'ai demandé quatre fois au matelot de me raconter comment cela s'était produit. Je ne comprenais pas. Il y a mille explications à la première altercation : jalousie, vengeance, trahison… mais ce lynchage[2] ensuite, lâche et souterrain, ce lynchage de vingt bras qui, sans parler, sans délibérer, frappe d'un seul élan, et tue sans l'ombre d'un doute… J'étais abasourdi mais je ne voulais pas en rester là. J'ai convoqué tous les clandestins et je les ai traités de tous les noms, leur promettant de les livrer aux autorités s'ils ne me disaient pas ce que je voulais savoir. Je les ai même menacés de les jeter par-dessus bord. Rien n'y a fait. Les plus fiers ne m'ont

---

1. Dispute ponctuée de paroles violentes et désobligeantes.
2. Exécution sommaire, faite collectivement et rapidement par la foule.

même pas regardé, les autres, un peu gênés, ont murmuré qu'il ne fallait pas que je m'énerve, que cela n'avait aucune importance, que ce n'était qu'une fille de Tigirka. Dans cette nuit qui sentait la noix de cajou et le sel marin, une femme était morte. Je n'avais jamais pensé que mon bateau se transformerait un jour en cercueil. Elle allait à Maputo vendre sa force de travail et gagner de quoi vivre, elle avait, comme tous les autres, accepté de se mêler aux caisses sales de mes marchandises, se mettant sous ma protection le temps d'une traversée. Mais je ne suis qu'un marchand, un petit vaurien de trafiquant, et je ne protège personne, pas même une femme, le temps d'une nuit, au milieu de l'Afrique. »

On frappa à la porte du restaurant. Les quatre hommes sursautèrent en même temps. Un couple attendait dehors. Le jeune homme redonna quelques coups sur la porte vitrée. Fernando se leva d'un bond et fit de grands signes de mauvaise humeur pour signifier que c'était fermé. Le jeune homme fit une mimique de supplication pour amadouer le patron mais ce dernier se mit alors à hurler : « Non, non, non… Fermé ! » et, pour bien montrer qu'il n'y avait aucun espoir, il descendit de quelques centimètres le rideau de fer. Le couple disparut. Fernando vint se rasseoir à la table, en maugréant[1] contre ces importuns[2] qui dérangeaient le monde sans vergogne[3]…

---
1. Ronchonnant.
2. Casse-pieds.
3. Sans scrupule.

Lorsque le silence fut revenu autour de la table, le commandant Passeo reprit.

« Ma situation n'était guère enviable. Il était inconcevable de me présenter aux autorités de Maputo avec ce corps. Je ne pouvais pas me résoudre non plus à le jeter purement et simplement par-dessus bord. C'eût pourtant été le plus sage et je sais bien que c'est ce qu'auraient fait bon nombre de marins dans ma situation. Ni vu, ni connu, le voyage continue. Un gros sac à la mer, un gros sac glissant du haut du pont arrière, faisant une grosse gerbe d'écume, quelques cercles dans l'eau, puis plus rien. Je l'aurais peut-être fait si ces gens n'avaient pas montré tant de haine contre cette femme. Mais m'en débarrasser ainsi, c'était me ranger de leur côté, dire à mon tour que ce n'était rien qu'une fille de Tigirka et qu'elle ne comptait pas. C'était, je crois, ce que tout le monde aurait aimé que je fasse et j'aurais sûrement trouvé beaucoup de bras pour m'aider à soulever le corps.

Si cela avait eu lieu dans les rues de Maputo, je n'y aurais pas fait plus attention qu'à une bagarre d'ivrognes, mais cela s'était déroulé sur mon bateau. Je me laissais bercer par la musique fatiguée du moteur et la certitude croissait en moi que la nuit allait être longue.

Je demandai alors à mon second – un homme du nom de Zonga – de m'aider. Nous allâmes chercher un grand drap blanc et nous enveloppâmes le corps de la femme, puis, sans échanger un mot, nous descendîmes cette momie dans la salle des machines.

Nous débarquâmes à Maputo la nuit même, comme prévu. Maputo, le diamant puant du Mozambique, la ville ivre où je voudrais mourir, assis à la terrasse d'un café crasseux d'où l'on voit la mer. Maputo qui se nourrit de la sueur des hommes, de leur fièvre crépue. Maputo qui n'offre rien en échange, qu'un peu de bruit et d'alcool.

Je me suis rendu au poste du port. J'ai rempli les papiers et annoncé que malgré ce qui était prévu, je ne repartais pas immédiatement pour l'Afrique du Sud. Puis je revins à bord et nous libérâmes les passagers. Leurs silhouettes quittèrent mon navire et disparurent à tout jamais pour se fondre dans l'activité industrieuse de la ville. Travailleurs clandestins qui n'ont de visage pour personne et de nom que pour eux-mêmes. Je regardai ces ombres s'échapper des flancs de mon bateau, en pensant que je ne les reverrais jamais, que Maputo, comme une gueule avide, allait continuer à appeler à elle cette foule de paysans hallucinés.

Pendant longtemps je n'ai pas pu me résoudre à descendre dans la cale. Elle était là. Je la sentais. Et je sentais aussi, obscurément, qu'elle allait m'emmener loin dans cette nuit et que je ne serais plus jamais le même.

« Qu'est-ce que c'est une fille de Tigirka ? » demanda Fernando en interrompant le récit de Manuel Passeo.

Medeiros et Da Costa se sentirent gênés de cette interruption mais, au fond, ils étaient contents car ils se posaient eux-mêmes cette question et voulaient savoir.

« C'est ce que je ne savais pas, reprit Passeo, mais c'est ce que j'étais résolu à apprendre. Zonga, mon second, m'a tendu une cigarette puis il m'a dit, comme cela, qu'un des types lui avait dit que le frère de la morte travaillait chez le Grec, qu'il était cuisinier là-bas.

Tout le monde connaît le Grec. C'est le poumon de Maputo, un poumon enfumé et crasseux, un boui-boui[1] sale, toujours comble, absolument irrésistible. Je m'y arrête à chacun de mes passages, comme tous les marins. Un peu bordel, un peu salle de jeu, tous les petits trafics se font chez le Grec. Le patron est un grand gaillard qui arbore une moustache de titan. Lui non plus n'a pas voulu partir après l'indépendance. Lui aussi s'est attaché à ce pays de crasse. Et Maputo ne pourrait pas vivre sans le Grec. Il se conclut là tellement d'affaires, tant de rencontres ont lieu autour des petites tables basses en bois, que le Grec pourrait prétendre devenir citoyen d'honneur du Mozambique.

J'ai marché dans les rues de la ville. Je suais comme un petit Blanc que j'étais, regardant cette humanité de crève-la-faim qui grouille dans l'obscurité. Tous ces hommes qui ne font rien, agglutinés autour d'une échoppe[2], attendant qu'un camion passe, qu'un contremaître hurle par la portière qu'il a besoin de

---
1. Restaurant bon marché, dont le service et la propreté laissent à désirer.
2. Petite boutique, généralement adossée contre un mur.

bras. Tous ces hommes qui n'ont pas de nom, pas d'histoire, juste la couleur noire.

Je suis entré chez le Grec. Le patron était là, rayonnant. Il m'a accueilli d'un "salut commandant" à faire trembler les tables. Je lui ai serré la main, il m'a tendu un verre. C'était du rhum portugais. Je l'ai avalé en une gorgée. Il avait manifestement envie de me parler. Il faut dire que j'ai avec lui quelques petits arrangements et il semblait désireux de revenir sur le prix de certaines des marchandises de nos échanges. Je coupai net ses élans en lui disant que je réviserais avec lui nos tarifs s'il me laissait quelques minutes avec son cuisinier. D'abord étonné, le Grec se reprit vite. Il m'installa à une petite table, fit apporter une bouteille, posa deux verres et demanda à son serveur d'aller chercher le cuisinier.

Un jeune homme s'avança vers moi. Je lui dis de s'asseoir, il m'obéit. Avant qu'il ait pu boire de sa bière, je lui racontai tout. Que je m'appelais Passeo, que j'étais le commandant d'un navire marchand qui faisait la liaison entre Beira, Maputo et l'Afrique du Sud. Que je venais de débarquer cette nuit. Que sa sœur était à bord de mon bateau. Que c'était pour cela que je venais le voir. À cet instant, il m'interrompit en précisant que ce n'était pas sa sœur, qu'ils n'avaient pas la même mère. Je lui racontai alors que sa demi-sœur, s'il préférait, était morte. Qu'elle avait été tuée sur mon navire, assassinée. Je répétai. Il ne disait rien. Il me regarda pour voir si j'avais fini, puis il but une gorgée de bière. "Vous ne me demandez pas comment cela est arrivé ?" Il ne répondit rien. Alors je racontai à nouveau. Je lui racontai le meurtre et il se tut.

Je lui racontai le lynchage et il se tut. Je lui racontai les dizaines de bras qui avaient frappé en même temps, le corps perdu de sa sœur, la monstrueuse ardeur des hommes contre elle, mais il se tut. À la fin, lorsque je n'eus plus rien à dire et que je le regardai, hébété face à tant de calme et de silence, il leva les yeux et dit doucement : "C'est bien. C'était une fille de Tigirka." Sa bouche sourit d'un étrange rictus[1] de dégoût. Et il ajouta : "Je l'aurais fait moi-même si je n'avais pas été de son sang."

Je sentis le feu monter dans mes veines. J'avais envie de mordre à pleines dents la gueule de ce nègre qui me faisait face et ne disait rien. Je le regardai droit dans les yeux, les mâchoires serrées, les muscles tendus. Je voulais l'injurier, lui dire de foutre le camp mais, avant que je ne puisse le faire, il se leva et sans rien dire, sans me saluer, en s'essuyant simplement les mains dans un vieux chiffon sale, il disparut.

– Qu'as-tu fait ? » demanda alors l'amiral, rompant à son tour le pacte du silence.

Et Fernando ne put réprimer lui aussi une exclamation :

« Il n'a rien dit d'autre ? Pas un mot pour sa sœur ?

– C'est à cet instant que j'ai décidé que j'irais jusqu'au bout, reprit Passeo. Que je descendrais le corps de cette fille à terre et que je l'enterrerais à Maputo. Je ne savais pas jusqu'où cela allait me mener. Je ne savais pas à quel point cette nuit allait être longue et étrange. Mais la fille de Tigirka me hantait et je voulais savoir.

---

1. Mauvais sourire, proche de la grimace.

– Qu'as-tu fait ? » demanda Medeiros.

Le commandant ne répondit pas. Les trois amis crurent d'abord qu'il reprenait son souffle mais, le silence se prolongeant, une inquiétude naquit en eux.

« Alors, que s'est-il passé ? » demanda Fernando.

Passeo sourit doucement sans rien répondre. Il avala une cuillère de flan qu'il laissa fondre dans sa bouche.

« Je vous raconterai tout cela la prochaine fois », finit-il par dire, posément.

Ce fut alors un tonnerre de cris. Il n'en était pas question. Qu'est-ce qu'il racontait ? Quelle prochaine fois ? C'était maintenant ou jamais. On n'avait jamais vu cela : s'arrêter ainsi, en plein récit. Passeo resta calme. Il répéta qu'il ne raconterait plus rien. Qu'il était tard et qu'il dirait la suite la prochaine fois. Devant tant de résolution, les trois compères pâlirent.

« Tu vas y retourner ? demanda alors Medeiros.

– Je pars après-demain, répondit Passeo.

– Ce que tu as appris, ou vu, ou vécu cette nuit-là a quelque chose à voir avec le fait que tu y retournes ?

– Oui. Depuis cette nuit, je sais que je ne pourrai plus jamais me passer du Mozambique. »

C'est alors que le contre-amiral Da Costa se mit à geindre comme un enfant que l'on envoie se coucher alors que la fête bat son plein.

« Mais qui sait si tu reviendras seulement de ce pays de fous pour nous raconter la suite ?

— Alors, dit en souriant le commandant, c'est que le Mozambique m'aura avalé et il faudra qu'un de vous aille là-bas pour apprendre la suite de l'histoire.

— Vous êtes un misérable ! dit Fernando avec une moue d'enfant fâché. Un misérable d'une infinie cruauté. C'est comme si je vous avais donné une bouchée de mes douceurs d'Apocalypse pour mieux rapporter le plat en cuisine ! Vous mériteriez que l'on vous saoule pour vous faire parler. »

Les hommes rirent et trinquèrent une dernière fois. Au fond, la fatigue commençait à leur peser et ils n'étaient pas mécontents de pouvoir bientôt regagner leur lit.

En se levant de table, chacun, en son esprit, prit rendez-vous avec le Mozambique de Passeo. Dans six mois, dans un an, ils mangeraient à nouveau tous ensemble et se feraient une joie de replonger là-bas.

Une fois debout, ils remirent les chaises en ordre et récupérèrent les paquets de cigarettes sur la table. Comme chaque fois ils demandèrent à Fernando combien ils devaient, mais comme chaque fois Fernando déclara avec une moue surprise – presque offensée – qu'ils ne devaient rien, alors comme chaque fois ils se récrièrent, protestant qu'ils ne viendraient plus, et Fernando, comme chaque fois, ne voulut rien entendre. Ils mirent leur pardessus en le remerciant chaudement. Puis ils sortirent. Lisbonne était vide maintenant. Le vent de l'Atlantique s'était levé. Il n'y avait plus aucune lumière, que quelques réverbères et la silhouette furtive, parfois, d'un vieux chien qui filait le long d'un mur. Ils restèrent un temps devant le restaurant parce qu'une petite pluie froide s'était mise à tomber et qu'ils prirent le temps de rajuster leur imperméable. Puis enfin ils se séparèrent. Trois ombres disparurent dans la pluie de Lisbonne. Trois ombres qui ne savaient pas qu'elles ne se reverraient plus jamais. Et Fernando tira son rideau de fer.

BIEN LIRE

P. 60, l. 288-289 : comment comprenez-vous l'expression « lynchage souterrain » ?

P. 64, l. 377 : expliquez l'image « le poumon de Maputo ».

L. 481-482 : comment comprenez-vous : « chacun, en son esprit, prit rendez-vous avec le Mozambique de Passeo » ?

« Vous croyez qu'il reviendra un jour ? »

La voix de Fernando tira l'amiral de Medeiros de ses songes.

« Plus le temps passe et moins j'en suis sûr », répondit l'amiral.

Fernando acquiesça. Lui aussi pensait que Passeo était retourné à Maputo et ne réapparaîtrait plus. Le petit cercle était brisé. La mort avait pris le contre-amiral Da Costa et la vie avait éloigné Passeo. Il ne restait qu'eux maintenant et plus rien n'était possible. Que pouvaient-ils faire à deux ? Se raconter des histoires, tour à tour ? Quelles histoires ? Lui ne connaissait que sa cuisine. Il n'avait rien à raconter, rien d'autre que des histoires de quartier. Il fallait se résigner : le cercle était brisé et ils resteraient seuls avec leur appétit inassouvi de Mozambique.

« Que reste-t-il de tout cela, Fernando ? » demanda soudainement Aniceto de Medeiros.

L'amiral avait l'air triste tout à coup, d'une tristesse épaisse qui vous pèse sur le visage.

« De quoi ? demanda Fernando qui n'avait pas compris.

– De nos heures passées ici. Des histoires que nous nous sommes racontées les uns les autres. De nos réunions, des plats partagés, des cigarettes fumées et des histoires dites et écoutées. Je ne parle pas que de la dernière, Fernando, je ne parle pas que de la nuit Mozambique de Passeo. Celle-là, parce qu'elle est la

dernière, est peut-être celle qui nous accompagnera le plus
longtemps, mais les autres ? Tous ces instants passés chez toi, à
quatre, qu'en restera-t-il ? Je suis revenu ici parce que je me suis
rendu compte ce matin que cela me manquait. Tout au long du
chemin, j'ai repensé à nous. Cela te fera peut-être rire,
Fernando, mais ces instants-là sont parmi les plus chers de ma
vie. Ce ne sont pas les seuls, bien sûr, mais si on devait dire qui
je fus, il me semblerait impossible de ne pas raconter nos repas.
Est-ce que tu comprends cela ? »

Fernando acquiesça. C'était le même sentiment qui l'habitait. Mais avant qu'il ne pût répondre, l'amiral reprit et sa voix se fit encore plus sombre.
« Que restera-t-il de tout cela ? Rien, Fernando, rien du tout. »
Le visage de Fernando s'illumina d'un coup. Il sourit avec bonheur. L'amiral vit le visage enjoué de son ami et en fut surpris.
« Qu'y a-t-il ? demanda-t-il.
— Je ne peux pas faire revenir Passeo, répondit Fernando. Et la tristesse qui nous accompagne parce que nous savons que nous ne nous rencontrerons plus jamais à quatre, je ne peux pas la soulager. Mais vous vous trompez, amiral. Que reste-t-il de nos réunions ? Rien, dites-vous ? Vous vous trompez. J'ai mes petits secrets. Attendez. Je vais vous montrer. »

Aussitôt, il se leva et disparut dans les cuisines. L'amiral entendit un bruit d'escabeau, de tiroirs, quelques chutes d'objets, puis Fernando réapparut. Il avait sous le bras de grands étuis oblongs[1] en carton, de ceux dans lesquels on range des cartes ou des toiles de tableaux. Il avisa une table du restaurant, fit signe à l'amiral de s'approcher puis, lorsqu'il fut à ses côtés, il ouvrit un des étuis et en sortit un papier qu'il déroula en disant, avec joie :

« J'ai gardé toutes les nappes.

– Les nappes ? répéta l'amiral sans comprendre.

– Les nappes en papier sur lesquelles nous avons mangé ces soirs-là. Je les ai toutes gardées. Regardez. Elles sont toutes là. Je les ai même datées, chaque fois. Tenez : "8 août 1969". Et celle-là : "3 juin 1978". C'est la dernière. Vous voyez, ce n'est peut-être pas grand-chose, mais il reste cela. »

L'amiral resta bouche bée. Il lui fallut du temps pour sortir de sa stupeur. À l'instant où Fernando avait déplié les nappes, cela lui avait semblé ridicule : un désir dérisoire de conserver ce qui ne peut l'être. Mais maintenant, il se penchait sur les nappes, il les parcourait du regard, du doigt, et l'émotion le gagnait. C'était une sorte de cartographie de leur amitié qu'il avait sous les yeux. Les taches de vin. La position des assiettes. On pouvait imaginer qui était assis à quelle place. Il revoyait les gestes des mains au-dessus de ces nappes. Un verre que l'on renverse et qui interrompt, pour un temps, le récit. Une miette

---

1. De forme allongée.

de pain avec laquelle on joue du bout des doigts. C'était la trace la plus émouvante qui pût rester de leurs rencontres. Une foule de nappes.

Il examina plus longuement la dernière : celle de 1978. Avec l'aide de Fernando, ils refirent le plan de table. Ils observèrent la place du commandant Passeo. Une petite tache de vin rouge semblait la marquer avec exactitude. Les mains qui avaient fait cette tache savaient-elles qu'elles ne reviendraient jamais ? pensa l'amiral. Il avait sous les yeux une trace tangible[1] de leur amitié et il trouva cela beau. Le souvenir de toutes ces conversations était là, sur ces papiers salis. Une forme de sérénité l'envahit. Oui. C'était bien. Ils avaient été cela. Quatre hommes qui parlaient, quatre hommes qui se retrouvaient parfois, avec amitié, pour se raconter des histoires. Quatre hommes qui laissaient sur les nappes de petites traces de vie. Et rien de plus.

2000-2007
(Paris)

---

1. Que l'on peut toucher du doigt, et donc bien réelle.

BIEN LIRE
P. 70 : comment est mort le contre-amiral Da Costa ?
L. 66 : expliquez l'expression « cartographie de leur amitié ».

Après-texte

POUR COMPRENDRE

Sang négrier
Étape 1 « C'est là […] que tout a commencé » 76
Étape 2 La fuite et la traque 78
Étape 3 Mutilation et révélation 80
Étape 4 « Une ombre esquintée » 82

Dans la nuit Mozambique
Étape 5 Lisbonne, le récit cadre 83
Étape 6 Récits enchâssés 84
Étape 7 La fille de Tigirka 85
Étape 8 La nuit Mozambique 86

GROUPEMENTS DE TEXTES
  I) Visages et visions de l'Afrique 88
  II) Corps fantastiques 94

INTERVIEW EXCLUSIVE
  Laurent Gaudé répond aux questions
  de Cécile Pellissier 99

INFORMATION/DOCUMENTATION
  Bibliographie, filmographie, visites, Internet 107

SANG NÉGRIER

« C'EST LÀ [...] QUE TOUT A COMMENCÉ »

Lire

1 Établissez la chronologie de ce début de nouvelle. Relevez les différents outils grammaticaux et lexicaux utilisés par l'auteur pour que le lecteur puisse se repérer dans le temps.

2 Quel est le statut du narrateur ? À qui s'adresse-t-il ?

3 Pourquoi, à votre avis, le narrateur veut-il raconter aujourd'hui l'histoire qu'il a vécue ?

4 À quel moment les faits se situent-ils par rapport à la narration ? À quelle époque peut-on situer les événements relatés ?

5 Quelle est la fonction du premier paragraphe p. 11 ? Quel effet fait-il sur le lecteur ?

6 Comment les Noirs sont-ils considérés ? Relevez tous les termes qui les désignent.

À SAVOIR — LA CHRONOLOGIE

La **chronologie** indique la succession des événements dans le temps, qui ont lieu à un certain moment, dans un certain lieu.

Dans un récit, le narrateur peut rapporter les faits les uns **à la suite** des autres, en suivant l'ordre chronologique. Son récit est alors **linéaire**.

Il peut également choisir un événement comme **point de repère**, et situer les faits par rapport à celui-ci. Il organise alors son récit à partir de cet événement, en faisant des **retours en arrière** ou bien des **projections en avant**. Il peut ainsi marquer **l'antériorité** (fait qui a lieu avant le point de repère), **la postériorité** (fait qui a lieu après) ou **la simultanéité** (fait qui a lieu en même temps).

Il existe plusieurs moyens de **marquer l'ordre de succession des faits** :

– l'emploi de **marqueurs temporels** (adverbes : *puis, ensuite, auparavant*... ; conjonctions de subordination : *quand*...) ;

– la simple **succession des verbes**, qui présentent les actions les unes après les autres ;

– l'utilisation alternée des **systèmes des temps** (passé/présent) ;

– l'emploi des **temps composés**, qui permettent d'indiquer **l'antériorité** par rapport aux temps simples.

Écrire

7 « Le gémissement des nègres est monté du ventre du bateau. » (p. 15, l. 102) Faites parler l'un des Noirs enfermés dans la cale, en mettant en valeur ses sentiments alors qu'il voit la terre d'Afrique s'éloigner.

8 Insérez un autre paragraphe à l'intérieur de ce passage (p. 15, l. 101-110), racontant des événements qui se sont produits entre le départ d'Afrique et l'arrivée en vue des côtes françaises. Précisez à quel endroit du texte vous intercalez votre récit, et utilisez les moyens nécessaires pour marquer la chronologie.

Chercher

9 Quelle est la fonction du capitaine dans la marine marchande ? Faites une recherche sur la marine marchande (l'organisation à bord, sur terre, les différents métiers...).

10 Sur un planisphère, repérez l'île de Gorée, au large du Sénégal. Quel est le trajet effectué par le bateau ? Quel trajet devait-il faire ? Estimez le temps nécessaire.

11 Faites une recherche sur l'histoire de l'île de Gorée et sur la maison des esclaves.

12 Que savez-vous de la traite des Noirs ?

À SAVOIR — LE RYTHME DU RÉCIT

Le narrateur peut choisir de ne pas raconter certains faits : c'est l'**ellipse narrative**.

Il peut développer longuement ce qui ne prend que très peu de temps dans l'histoire : c'est le **ralenti**.

Il peut aussi résumer certains événements, et le récit semble s'accélérer : c'est le **sommaire**.

Il peut également faire un arrêt et interrompre son récit pour développer une description, un portrait ou un commentaire : c'est la **pause**.

Enfin, il peut mettre en valeur un moment fort, en faisant coïncider la durée de la narration et la durée effective du fait raconté : c'est la **scène**, durant laquelle les événements sont racontés en détail, presque en temps réel.

En choisissant l'un de ces procédés, l'auteur peut **accélérer** ou **ralentir** le rythme de son récit, qui varie donc en fonction du volume qu'il consacre aux faits qu'il raconte.

SANG NÉGRIER

LA FUITE ET LA TRAQUE

Lire

1 Quels sentiments le narrateur éprouve-t-il successivement après l'annonce de la nouvelle de l'évasion des Noirs ? Que cherche-t-il alors à prouver à l'assistance ?

2 Relevez tous les termes appartenant au champ lexical du bruit et de la multitude (p. 16-18, jusqu'à la ligne 13). Quel est l'effet produit ?

3 À qui les questions de la page 17 (l. 33-34) et de la page 18 (l. 15-17) sont-elles posées ? Quelle est leur fonction dans le récit ?

4 Remplacez la locution indéfinie « quelque chose » (p. 20, l. 12) par un terme plus précis.

5 Précisez dans quelles circonstances chacun des Noirs a été retrouvé, et quel sort lui a été réservé.

6 Quel sentiment commun à tous les hommes participant à la traque le narrateur souligne-t-il à plusieurs reprises ? Comment le justifie-t-il ? Relevez les différents termes qu'il emploie pour le désigner.

7 Des pages 16 à 26, délimitez les passages de récit et les passages de commentaires. Quel procédé permet de les distinguer immédiatement ?

Écrire

8 « Nous traînions nos sabots [...] plus rapidement que la mer » (p. 17, l. 26-28). Rédigez cette conversation entre les marins.

9 « Je regardai mes hommes. [...] j'avais le mauvais œil. » (p. 20, l. 16-19) Rédigez le monologue intérieur de l'un de ces marins, à ce moment-là.

10 Plusieurs personnes assistent en silence à la décapitation du Noir (p. 25-26) et éprouvent des sentiments variés. Décrivez pour chacun leur attitude, leur comportement, leur réaction face à ce « spectacle » (p. 25, l. 44).

11 « J'ai vu de la joie, cette nuit-là. [...] Toute la ville a aimé cela. » (p. 23, l. 71-85) Que pensez-vous du comportement de la population ? Comment pouvez-vous l'expliquer et le justifier ? Écrivez une lettre ouverte aux habitants de Saint-Malo pour leur faire part de votre point de vue et de vos sentiments à leur égard.

Chercher

12 Comment comprenez-vous le terme « bonne société de la ville » (p. 16, l. 18-19) ? Expliquez le fonctionnement politique d'une ville moyenne comme celle de Saint-Malo à cette époque.

13 La foule traque les Noirs et s'acharne sur l'un d'eux. Ils sont ensuite abattus sans sommation et exécutés sans jugement. Comment nomme-t-on cette façon de *faire mourir* ? À quels faits historiques ou d'actualité vous fait penser ce comportement ? Proposez une série de verbes signifiant *faire mourir violemment*.

> **À SAVOIR**
>
> ### L'IMPLICATION DU NARRATEUR : LA MODALISATION
>
> **Le narrateur peut conduire son récit en faisant alterner les passages de narration avec des passages d'analyse ou de *commentaires*. Il peut aussi exprimer son opinion ou ses sentiments en intervenant ponctuellement dans le récit. Il prend alors position et son énoncé devient *subjectif*.**
>
> Le terme *modalisation* désigne cette prise de position. On la repère et on la définit grâce à certains indices dans le texte que l'on nomme *modalisateurs* :
>
> – **verbes ou locutions verbales** : « je ne le sais pas » (p. 20, l. 5), « je jure » (p. 20, l. 11), « détestent » (p. 24, l. 13), « aimé » (p. 25, l. 44) ;
> – **termes qui marquent le point de vue** : « c'était ma faute » (p. 20, l. 8-9), « C'est moi qui » (p. 20, l. 22) ;
> – **adverbes** : « sûrement » (p. 18, l. 22-23) ;
> – **interjections** et **adverbes d'affirmation et de négation** : « Mais non » (p. 26, l. 51), « À moins, oui, que » (p. 26, l. 52) ;
> – **vocabulaire péjoratif ou mélioratif** : « capharnaüm » (p. 18, l. 1), « enfer » (p. 18, l. 20), « poitrail » (p. 19, l. 27), « bonheur » (p. 23, l. 73-74) ;
> – **comparatifs** et **superlatifs** : « au plus profond » (p. 25, l. 45) ;
> – **auxiliaires modaux** : « Ils devaient » (p. 20, l. 8), « Il fallait » (p. 20, l. 14) ;
> – **certains modes** et **temps verbaux** : conditionnel « J'en sourirais presque » (p. 18, l. 15), « on louerait » (p. 19, l. 34) ; futur antérieur de l'Indicatif...
> – **types de phrases** (exclamative et interrogative) et **ponctuation** (tirets, points de suspension et d'exclamation) ;
> – **mise en relief** et **forme de phrase emphatique** : « Cette jubilation, nous l'avons... » (p. 24, l. 8-9) ;
> – **figures de style** : (comparaison) « comme une meute en colère » (p. 20, l. 21), (métaphore) « aboya-t-il » (p. 22, l. 48).

SANG NÉGRIER

MUTILATION ET RÉVÉLATION

Lire

1 Que redoutent essentiellement les autorités de la ville ?

2 Quelle image de la battue nocturne revient en permanence à l'esprit du narrateur (p. 27-28, l. 22-35) ? Retrouvez dans les pages précédentes les passages qui y font déjà référence.

3 Quelles sont les différentes explications données par le narrateur au sujet de la présence du doigt coupé (p. 29) ? Sont-elles cohérentes ?

4 Qui pourrait être à l'origine de la mise en scène des doigts cloués, d'après le narrateur (p. 31) ? Cela est-il possible ?

5 Pourquoi le narrateur n'avoue-t-il que « maintenant » (p. 32, l. 33-39) sa peur d'être la prochaine victime désignée par le doigt ?

6 Comment le narrateur et ses compagnons réagissent-ils devant ces différents événements ?

7 À quel moment la tension retombe-t-elle ? Pourquoi ?

Écrire

8 « Les rumeurs coururent en tous sens. » (p. 30, l. 31-32) Rédigez les conversations et commentaires des habitants de la ville à ce moment de l'action.

9 « Il me semblait [...] nous perdre. » (p. 31, l. 18-19) À partir de cette phrase, rédigez un texte fantastique.

10 Le narrateur écrit à l'un de ses amis et lui raconte les derniers événements, de son point de vue. Il lui donne une série d'explications et de justifications pour tenter de le convaincre qu'il n'y a aucune raison d'accorder du crédit aux rumeurs qui ont commencé à se propager hors de la ville. Rédigez cette lettre.

11 Et vous ? Comment répondez-vous aux questions posées par le narrateur ? Comment expliquez-vous l'apparition de ces doigts coupés et cloués ?

Chercher

12 *Le mauvais œil, la main de Dieu...* Faites une recherche sur les représentations de l'œil et de la main dans les différentes religions.

13 Faites une recherche sur la symbolique des doigts, et particulièrement sur le sens et le pouvoir que les différentes civilisations leur attribuent.

14 Faites une liste de tous les mots et de toutes les situations qui vous viennent à l'esprit en évoquant le mot *peur*.

À SAVOIR

LE FANTASTIQUE

On emploie très souvent l'adjectif « *fantastique* » pour qualifier un événement inhabituel, étonnant ou sensationnel, digne de notre admiration et de notre considération (comme *une réussite fantastique*).

Mais ce mot désigne aussi ce qui est extraordinaire et irréel, c'est-à-dire que l'on ne peut trouver dans la vie ordinaire, et qui n'appartient pas à notre réalité (*un animal fantastique*, par exemple). **Le genre fantastique** s'appuie plutôt sur ce sens particulier.

Le récit fantastique met en place un fait étrange, répété et inexplicable, auquel on n'apporte pas de solution rationnelle. Il entretient une **hésitation** permanente entre la réalité et le surnaturel, ce qui provoque un sentiment désagréable (qui aboutit le plus souvent à la peur), aussi bien pour le personnage qui vit l'événement que pour le lecteur qui l'accompagne dans cette expérience.

Le récit fantastique s'appuie donc sur **le malaise** qu'engendre l'hésitation. Il propose le plus souvent au lecteur une situation banale, ordinaire, dans laquelle viennent s'infiltrer progressivement des événements inhabituels, qui dérangent cette paisible perception du quotidien. Le narrateur partage ses interrogations face à ces événements avec le lecteur, en lui décrivant son état d'esprit, ses doutes, son inquiétude et sa peur, en lui faisant part de ses réflexions, de ses tentatives pour se réconforter et se persuader qu'il se trompe... Le lecteur accompagne donc le narrateur dans la découverte de l'étrange, se pose les mêmes questions que lui, partage les mêmes angoisses... mais il ne trouve, lui non plus, ni réponses ni apaisement.

Les motifs fantastiques sont donc le plus souvent associés au **macabre**, la mort et la souffrance étant les plus grandes sources d'angoisse pour l'homme... Mais on peut en trouver d'autres : le dédoublement de la personnalité, la folie, les monstres, les cauchemars, la sorcellerie, tout ce qui est de l'ordre de l'inconnu ou du mal connu, et qui engendre la peur.

SANG NÉGRIER

PAGES 34 À 38

« UNE OMBRE ESQUINTÉE »

Lire

1 Quelle est la fonction du premier paragraphe à cet endroit du récit (p. 34, l. 1-17) ?

2 Comment la vision du onzième doigt cloué sur la porte de la maison du narrateur peut-elle s'expliquer raisonnablement ?

3 « Depuis ce jour, les questions n'ont pas cessé de tourner en mon esprit. » (p. 35, l. 44-45) Parmi les réponses proposées par le narrateur (p. 35-37), faites la part de ce qui est possible et de ce qui est impossible.

4 À quel moment et pourquoi le narrateur dit-il avoir basculé dans la folie ?

5 Comment la folie du narrateur se manifeste-t-elle ?

6 À l'issue de votre lecture, comment expliquez-vous le titre de cette nouvelle : *Sang négrier* ?

Écrire

7 Que s'est-il passé pour le narrateur et ses hommes durant les quelques mois d'absence ? Racontez, en insérant quelques commentaires de la part du narrateur.

8 Faites un synopsis de cette nouvelle, qui pourrait être le support de travail d'un cinéaste. Sur un axe du temps, placez les différents événements, et sur un axe parallèle, faites apparaître les pensées et les sentiments du narrateur.

Chercher

9 Qu'est-ce qu'un *damné* dans le vocabulaire religieux ? Faites une liste de termes qui appartiennent au même champ lexical.

À SAVOIR

LES PRINCIPALES IMAGES

La comparaison : « comme une meute en colère » (p. 20, l. 21).
La métaphore : « aboya-t-il » (p. 22, l. 48).
La métaphore filée (se développe sur plusieurs lignes) : « traquer », « dénicher » (p. 20, l. 9), « partir à la chasse » (p. 20, l. 20), « célérité de chiens de chasse » (p. 21, l. 24), « était tapi » (p. 21, l. 30), « abattre » (p. 22, l. 59), « grande battue » (p. 23, l. 72-73), « Chasser » (p. 23, l. 82), « des fauves » (p. 25, l. 25), « fut abattu » (p. 25, l. 28), « tenir la bête à ses pieds » (p. 25, l. 46)...
La métonymie : « Toute la ville a aimé cela. » (p. 23, l. 84-85).
La synecdoque : « la lèvre molle » (p. 20, l. 3).
La personnification : « Les remparts [...] nous toisaient avec morgue. » (p. 16, l. 2-3).

DANS LA NUIT MOZAMBIQUE

PAGES 41 À 48

LISBONNE, LE RÉCIT CADRE

Lire

1 Quel est le statut du narrateur au tout début du récit ? De quel point de vue les faits sont-ils présentés ?

2 Quels sentiments l'amiral éprouve-t-il en arrivant dans le restaurant de Fernando ?

3 Comment le personnage de Fernando est-il caractérisé ?

4 De qui parlent l'amiral et Fernando au tout début de la nouvelle ? Qu'apprend-on sur ces personnages ?

5 Quel est le point commun des quatre personnages ? Qu'est-ce qui les différencie ?

6 Quelle impression les quatre amis ont-ils quand l'un d'entre eux commence à raconter une histoire ?

Écrire

7 En vous servant des indications données par le texte, faites le portrait de l'amiral.

8 « Une histoire d'insubordination. Une bagarre avec un supérieur. » (p. 47-48, l. 46-47) Faites le récit de ce qui est arrivé au commandant Manuel Passeo qui justifie qu'il ait été obligé de quitter l'école de marine.

9 Rédigez quelques recettes de cuisine originales inventées par Fernando, et qui font le délice de ses amis. Donnez-leur un nom appétissant. Décrivez ensuite la réaction des convives à l'arrivée des plats sur la table.

Chercher

10 Où se trouve le Mozambique ? Où se trouve Lisbonne ? Situez-les sur un planisphère, puis évaluez la distance qui les sépare, observez le trajet qu'il faut faire pour les joindre, et calculez le temps nécessaire pour s'y rendre en bateau.

11 Faites une recherche sur la marine marchande et sur la marine nationale (activités, grades, missions...).

12 Faites le relevé dans le texte des termes appartenant au champ lexical de la parole et complétez-le.

À SAVOIR — LE DÉBUT DU RÉCIT : L'INCIPIT

Le mot *incipit* signifie « il commence » en latin. Synonyme de « début de récit », il en désigne les premières lignes ou les premiers paragraphes.

Il donne au lecteur les principales informations pour qu'il comprenne la suite sans difficulté. Il met en place le **contexte** (lieu, moment de l'action), présente quelques-uns des **personnages** et donne le **ton**. Pour *accrocher* le lecteur, le narrateur doit aussi le tenir en haleine et attiser sa curiosité. Il ne doit donc pas dire tout trop vite, mais préparer ce qui va être raconté.

DANS LA NUIT MOZAMBIQUE

RÉCITS ENCHÂSSÉS

Lire

1 Qui prend tour à tour la parole ? Combien d'histoires sont racontées ?

2 Pour chaque histoire, indiquez quels sont le narrateur, le lieu, le moment de l'action et les personnages principaux. Donnez-lui également un titre.

3 Quelle est la fonction de la longue introduction à l'histoire de Passeo (p. 54-55, l. 145-169) ?

4 Quel intérêt présentent les interruptions dans le récit de Passeo ?

5 En quoi Passeo se sent-il concerné par la mort de la fille de Tigirka ? De quoi prend-il conscience ?

Écrire

6 C'est l'effervescence le matin du mariage au village de Mogadouro. Racontez.

7 Juste après le meurtre de la femme de Tigirka, le commandant Passeo interroge tour à tour l'un de ses hommes, puis l'un des passagers clandestins et enfin l'une des passagères. Rédigez leur témoignage.

8 Un couple de paysans débarque à Maputo. Racontez leurs premiers instants dans la ville, en insistant sur leurs sentiments respectifs.

Chercher

9 Faites la liste la plus complète possible de différents sentiments que, comme le suggère Da Costa, vous pourriez opposer (p. 51, l. 65-68).

10 Repérez le trajet de Passeo en Mozambique, et renseignez-vous sur l'histoire et l'économie du pays.

11 Qu'est-ce que la clandestinité ? Dans quel cas se trouve-t-on clandestin ?

À SAVOIR

RÉCIT CADRE ET RÉCIT ENCHÂSSÉ

- On appelle **récit(s) enchâssé(s)** – ou *récit(s) encadré(s)* – le ou les récit(s) à l'intérieur d'un premier texte (*le récit cadre*).
- Le **récit cadre** présente les personnages et les circonstances de l'énonciation qui va suivre.
- Dans cette nouvelle, le narrateur du récit cadre parle à la 3e pers., et son point de vue est d'abord *interne* (p. 41-45) : c'est l'amiral qui voit et sait. Puis, le point de vue devient *omniscient* (à partir de la p. 46). Chaque personnage, qui prend ensuite la parole, devient le narrateur à la 1re pers. d'un récit enchâssé, dont le point de vue est *interne*. Les interruptions entre les récits enchâssés replongent le lecteur dans le récit cadre, toujours à la 3e pers.

DANS LA NUIT MOZAMBIQUE
PAGES 64 À 69

LA FILLE DE TIGIRKA

Lire

1 Comment Passeo se situe-t-il et se perçoit-il dans la ville de Maputo (p. 64-65, l. 388-394) ? Cette impression est-elle habituelle ?

2 Comment pouvez-vous expliquer la réaction de Passeo face au cuisinier (p. 66, l. 427-433) ? Quel sentiment Passeo éprouve-t-il alors ?

3 Quel effet les répétitions de « il se tut » (p. 65-66) et de la question « Qu'as-tu fait ? » (p. 66-67) posée à Passeo produisent-elles sur le lecteur ?

4 À votre avis, pourquoi Passeo ne raconte-t-il pas la fin de son histoire ?

Écrire

5 Un touriste européen entre chez le Grec. Décrivez l'établissement et le patron, de son point de vue.

6 Rédigez la conversation de Passeo et du cuisinier en rapportant leurs paroles directement.

Chercher

7 Quels risques Passeo peut-il rencontrer en retournant au Mozambique ? Faites une recherche sur les dangers de la vie en Afrique.

À SAVOIR — LES PAROLES RAPPORTÉES : DISCOURS DIRECT ET INDIRECT

Il existe différentes manières de rapporter les paroles ou les pensées d'un personnage dans un texte narratif.

• Les **paroles rapportées directement** se trouvent dans les **dialogues** ou les **monologues**. Elles sont présentées entre guillemets, introduites par des verbes de paroles (comme *dire, s'écrier*...). Elles commencent à la ligne et le tiret indique le changement d'interlocuteur. On emploie les temps du système du présent (présent, passé composé...), les pronoms des 1re et 2e personnes, des adverbes de temps et de lieu (comme *ici* ou *maintenant*), des interjections ainsi qu'une ponctuation suggestive, qui précise le ton.
Ex. : *– Qu'as-tu fait ? » demanda Medeiros.* (p. 67, l. 444)

• On peut **rapporter les paroles indirectement**. On emploie le même temps que celui du récit, on utilise des verbes de paroles. Les paroles ne sont plus entre guillemets et sont introduites par un mot subordonnant (comme *que*...).
Ex. : *il m'interrompit en précisant que ce n'était pas sa sœur* (p. 65, l. 412-413).

• Le **discours indirect libre** propose au lecteur d'entrer dans les pensées et paroles du personnage, sans utiliser de procédé grammatical.
Ex. : *Combien d'heures avait-il passées ici ?* (p. 42, l. 25)

LA NUIT MOZAMBIQUE

Lire

1 À quel moment du récit ce dernier passage correspond-il ?

2 Quels sentiments les deux personnages éprouvent-ils successivement ?

3 Que représente pour eux la référence au Mozambique ?

4 Quelle prise de conscience Fernando provoque-t-il chez l'amiral ?

5 Après avoir lu cette nouvelle, observez la dédicace de Laurent Gaudé à Simon Kim (p. 40). Quel hommage lui rend-il ?

6 À votre avis, quelle est la visée de ce texte ? En quoi est-il déstabilisant pour le lecteur, et en quoi apporte-t-il un certain équilibre et un certain apaisement ?

Écrire

7 Pourriez-vous situer, comme l'amiral, l'un des moments les plus chers de votre vie ? Racontez.

8 Vous avez peut-être conservé un souvenir, témoin d'un moment heureux ou malheureux. Décrivez cet objet, racontez dans quelles circonstances vous l'avez obtenu, pourquoi vous l'avez conservé et quels sont les sentiments actuels qui s'y rattachent.

9 Faites un synopsis de cette nouvelle, qui pourrait être le support de travail d'un metteur en scène. Dans une colonne, écrivez les différents dialogues. Dans une autre colonne, en vis-à-vis, notez les sentiments, réactions, impressions des personnages. Récrivez-les ensuite sous forme d'indications scéniques. (Faites apparaître les différents moments en changeant de couleur, par exemple.)

Chercher

10 Quelle différence faites-vous entre remords et regret ? Cherchez la définition de ces deux mots, et indiquez des situations dans lesquelles on pourrait les retrouver.

11 Quelle est la tonalité de ce dernier passage ? Faites la liste des différentes tonalités que vous connaissez et proposez un exemple pour les illustrer.

12 Proposez une maxime ou une moralité se rapportant à chacun des récits enchâssés, et une pour le récit cadre.

À SAVOIR

LA NOUVELLE

C'est d'abord un récit bref (de quelques lignes à une trentaine de pages), de différentes **formes** (récits enchâssés, échange de lettres...) et diverses **tonalités** (sentimentale, humoristique, fantastique...).

Ses propos sont extrêmement variables, puisque n'importe quel événement peut être matière à récit. C'est pourquoi il est assez difficile de définir la nouvelle par ce biais.

Elle se caractérise par son **impact sur le lecteur**. Le plus souvent, quel que soit le thème du récit, elle vise à lui faire **considérer** (ou reconsidérer) les choses et les êtres sous un jour nouveau. Elle montre une vie intérieure et une réalité extérieure de manière condensée, provoquant ainsi plus aisément une **prise de conscience**.

La nouvelle a généralement une **forme simple**, elle adopte le dépouillement, en proposant peu d'actions et peu de personnages. Elle raconte **rapidement** des événements, qui peuvent être ceux d'une vie entière comme ceux d'une journée, et même de quelques instants. Elle peut aussi relater un moment choisi, en s'arrêtant plus **longuement** sur l'observation de cet instant, ou sur les sentiments des personnages.

C'est l'essor de la **presse** au XIXe siècle qui a favorisé l'apparition et la diffusion de la nouvelle : les plus grands auteurs, comme Maupassant, Daudet ou Edgar Poe, ont d'abord destiné leurs récits aux lecteurs de journaux. C'est aussi pour cette raison que la nouvelle s'appuie souvent sur le **fait divers**.

GROUPEMENTS DE TEXTES

I) VISAGES ET VISIONS DE L'AFRIQUE

Dans l'esprit du grand public, l'immense Afrique reste un lieu étrange et plein de mystères. Ceux qui la connaissent ne cachent pas leur admiration pour ses paysages somptueux et sauvages, pour ses couleurs et ses contrastes, ses charmes et ses beautés. Ils n'en ignorent pas non plus les dangers et les travers, ni les paradoxes et les excès. Pourtant, personne ne présente de la même façon ce continent aux multiples visages. Les visions sont multiples, les impressions diverses. Les récits s'entrecroisent, s'entrechoquent parfois, mais expriment toujours une même fascination.

Prosper Mérimée (1803-1870)
Tamango (1829).

Dans *Tamango*, Prosper Mérimée raconte les aventures d'un Noir vendeur d'esclaves, qui se retrouve embarqué dans les cales d'un bateau négrier et subit le même sort que ceux qu'il avait livrés aux Blancs. Tamango découvre alors avec stupeur et horreur, en même temps que le lecteur, l'un des aspects les plus abominables de l'histoire africaine : la traite des Noirs.

L'Espérance partit donc un vendredi, bien gréée et bien équipée de tout. Ledoux aurait voulu peut-être des mâts un peu plus solides ; cependant, tant qu'il commanda le bâtiment, il n'eut point à s'en plaindre. Sa traversée fut heureuse et rapide jusqu'à la côte d'Afrique. Il mouilla dans la rivière de Joale (je crois) dans un moment où les croiseurs anglais ne surveillaient point cette partie de la côte. Des courtiers du pays vinrent aussitôt à bord. Le moment était on ne peut plus favorable ; Tamango, guerrier fameux et vendeur d'hommes, venait de conduire à la côte une grande quantité d'esclaves ; et il s'en défaisait à bon marché, en homme qui se sent la force et les moyens d'approvisionner promptement la place, aussitôt que les objets de son commerce y deviennent rares.

Le capitaine Ledoux se fit descendre sur le rivage, et fit sa visite à Tamango. Il le trouva dans une case en paille qu'on lui avait élevée à la hâte, accompagné de ses deux femmes et de quelques sous-marchands et conducteurs d'esclaves. Tamango s'était paré pour recevoir le capitaine blanc. Il était vêtu d'un vieil habit d'uniforme bleu, ayant encore les galons de caporal ; mais sur chaque épaule pendaient deux épaulettes d'or attachées au même bouton, et ballottant, l'une par-devant, l'autre par-derrière. Comme il n'avait pas de chemise, et que l'habit était un peu court pour un homme de sa taille, on remarquait entre les revers blancs de l'habit et son caleçon de toile de Guinée une bande considérable de peau noire qui ressemblait à une large ceinture. Un grand sabre de cavalerie était suspendu à son côté au moyen d'une corde, et il tenait à la main un beau fusil à deux coups, de fabrique anglaise. Ainsi équipé, le guerrier africain croyait surpasser en élégance le petit-maître le plus accompli de Paris ou de Londres.

Le capitaine Ledoux le considéra quelque temps en silence, tandis que Tamango, se redressant à la manière d'un grenadier qui passe à la revue devant un général étranger, jouissait de l'impression qu'il croyait produire sur le Blanc. Ledoux, après l'avoir examiné en connaisseur, se tourna vers son second, et lui dit :

« Voilà un gaillard que je vendrais au moins mille écus, rendu sain et sans avaries à la Martinique. »

René Maran (1887-1960)

Batouala (1921), © Éditions Albin Michel, 1938 et « Classiques & Contemporains » n° 46, Éditions Magnard, 2002.

René Maran est Martiniquais. En 1912, il est administrateur de colonies en Afrique, en Oubangui, ce qui semble paradoxal pour un homme à la peau noire. Il retrace cette expérience délicate dans son premier roman, *Batouala*, qui décrit les conditions de vie des « nègres » et leurs sentiments face aux pratiques pour eux étonnantes des colonisateurs. Bien que récompensé par le prix Goncourt en 1921, le roman est vivement critiqué par l'administration qui s'indigne de la place prise dans l'action par les Noirs, au détriment des Blancs.

Le grand chef Batouala, Batouala, le mokoundji[1] de tant de villages, percevait parfaitement ces rumeurs, malgré la somnolence où il se complaisait.

Il bâillait, avait des frissons, s'étirait. Lui fallait-il se rendormir ? Lui fallait-il se lever ? Se lever ! Par N'Gakoura, pourquoi se lever ? Il ne tenait pas à le savoir, dédaigneux qu'il était des résolutions simples à l'excès ou à l'excès compliquées.

Or ne lui fallait-il pas faire un immense effort rien que pour se mettre sur pied ? Il était le premier à convenir que la décision à prendre pouvait paraître de la plus extrême simplicité aux hommes blancs de peau. Il trouvait, quant à lui, la chose infiniment plus difficile qu'on ne croyait. D'ordinaire, réveil et travail vont de pair. Certes, le travail ne l'effrayait pas outre mesure. Robuste, membru, excellent marcheur, il ne se connais-

---

1. Initié capable de faire agir les objets magiques du culte.

sait pas de rival au lancement du couteau de jet ou de la sagaie, à la course ou à la lutte. […]

Le travail ne pouvait donc l'effrayer. Seulement, dans la langue des hommes blancs, ce mot revêtait un sens étonnant, signifiait fatigue sans résultat immédiat ou tangible, soucis, chagrins, douleur, usure de santé, poursuite de desseins chimériques.

Aha ! les hommes blancs de peau. Qu'étaient-ils donc venus chercher, si loin de chez eux, en pays noir ? Comme ils feraient mieux, tous, de regagner leurs terres et de n'en plus bouger !

La vie est courte. Le travail ne plaît qu'à ceux qui ne la comprendront jamais. La fainéantise ne peut dégrader personne. Elle diffère d'ailleurs foncièrement de la paresse.

En tout cas, que l'on fût de son avis ou non, il croyait dur comme fer, et n'en démordrait pas jusqu'à preuve du contraire, que ne rien faire, c'était profiter, en toute bonhomie et simplicité, de tout ce qui nous entoure.

Vivre au jour le jour, sans se rappeler hier, sans se préoccuper du lendemain, ne pas prévoir, voilà qui est excellent, voilà qui est parfait.

Léonora Miano (née en 1973)
L'Intérieur de la nuit (2005), © Éditions Plon, 2005.

Née au Cameroun, Léonora Miano arrive en France en 1991, pour y faire ses études. Immédiatement reconnue par la critique française, elle a obtenu de nombreux prix pour son premier roman, *L'Intérieur de la nuit*. Elle a reçu le prix Goncourt des lycéens pour son deuxième roman, *Contours du jour qui vient* (2006). Son regard sur l'Afrique actuelle est sans complaisance, parfois amer mais jamais désabusé. Elle n'en cache pas les défauts ni les travers et en parle sans concession, mais avec sincérité et beaucoup de passion.

Il s'agissait en réalité d'un bidonville. Un amas de cases branlantes et sans confort, que les étudiants occupaient faute de mieux. Le gouvernement n'ayant rien prévu pour eux, ils devaient se contenter de s'entasser là, d'ouvrir leurs portes directement sur la poussière rouge de la route qui s'engouffrait aussitôt à l'intérieur de la case. Il n'y avait aucune sécurité. Les serrures cédaient facilement. Tout ce qu'on possédait pouvait se retrouver, à la six-quatre-deux, sur l'étal de quelque marchand de matériel d'occasion. Alors, toutes les chambres de la cité dite « Far West de Kalati » étaient sommairement meublées et décorées. Et on pouvait se demander où ces jeunes filles, qu'on appelait coyotes parce qu'elles dégainaient plus vite que leur ombre sur le moindre visage pâle qui bougeait dans ce coin-ci du continent, pouvaient bien ranger leur artillerie. Dès le point du jour, elles arboraient les tenues les plus affriolantes, se bardaient de bijoux offerts par des notables qui les entretenaient et sur lesquels elles se faisaient la main, en attendant que leur destin voulût bien descendre d'un avion. Les moins exigeantes étaient tout à fait disposées à se contenter d'un mari couleur locale, pour peu qu'il eût quelques arguments sur lesquels elles ne pouvaient pas faire l'impasse : villa, voiture, domestiques, relations. Surtout des relations, et les bonnes. Dans ce pays, cela ne servait à rien de posséder quoi que ce fût, si on n'avait pas aussi le parapluie et les godasses. Le ciel pouvait virer au gris, la terre rouge se changer en torrents de boue.

Ces filles-là n'avaient apparemment rien en commun avec celles qu'Ayané avait laissées au village, et qui n'avaient pas la curiosité d'aller voir au-delà des collines bordant leur horizon. Les coyotes prenaient toutes seules leurs décisions, et leurs parents, généralement pauvres, ne trouvaient rien à redire. Non seulement leurs filles faisaient des études, mais en plus, elles les nourrissaient et entretenaient la fratrie. Elles remplissaient parfaitement leur rôle de bâton de vieillesse, ce pourquoi elles étaient venues au monde. Il y avait néanmoins une indiscutable similitude entre elles et les villageoises. Outre le poids du monde posé sur leurs épaules, il y avait ce cadavre qu'elles trimbalaient au fond d'elles, depuis le premier jour. Celui du rêve dont la dépouille avait été mise au tombeau pour l'éternité. Il y avait bien assez d'hommes pour avoir des lubies. La noblesse des femmes, ce n'était pas la pureté, ce n'était pas la soumission, ce n'était pas la faculté de se relever de tout. La noblesse des femmes, c'était d'avoir immolé la chimère. C'était ce qui faisait d'elles de grandes royales. Parce qu'elles avaient fait cela, le monde pouvait continuer de tourner. En dépit des hommes. Et ils ne les remerciaient pas. Ne choisit-on pas toujours son malheur ? Elles avaient fait leur choix.

II) CORPS FANTASTIQUES

La mort a orienté les pratiques religieuses et les cultures, alimenté les récits fondateurs et les représentations artistiques. Elle fait partie de la vie et de notre quotidien, mais elle reste mystérieuse, étrangère et familière à la fois. La littérature des morts est donc extrêmement riche et le mort-vivant est, depuis toujours, un thème privilégié du fantastique : fantômes, revenants, loups-garous, vampires peuplent les contes, les pages des livres et les écrans de cinéma. Mais il existe une catégorie de morts-vivants qui inspire une peur insurmontable et un dégoût radical : les parties séparées du corps, qui reprennent vie et deviennent autonomes.

Théophile Gautier (1811-1872)
Le Pied de momie, nouvelle parue dans *Le Musée des familles*, en septembre 1840.

Grand voyageur, artiste érudit et critique impitoyable, Théophile Gautier fut l'un des premiers à louer l'œuvre fantastique d'E.T.A. Hoffmann (1776-1822) et à s'en inspirer. Il publia une série de récits fantastiques, pour la plupart dans les journaux, comme le voulait l'époque. Le narrateur vient de rentrer dans la boutique d'un brocanteur. Il recherche un serre-papier original pour orner son bureau.

> J'hésitais entre un dragon de porcelaine tout constellé de verrues, la gueule ornée de crocs et de barbelures, et un petit fétiche mexicain fort

abominable, représentant au naturel le dieu Witziliputzili, quand j'aperçus un pied charmant que je pris d'abord pour un fragment de Vénus antique.

Il avait ces belles teintes fauves et rousses qui donnent au bronze florentin cet aspect chaud et vivace, si préférable au ton vert-de-grisé des bronzes ordinaires qu'on prendrait volontiers pour des statues en putréfaction : des luisants satinés frissonnaient sur ses formes rondes et polies par les baisers amoureux de vingt siècles ; car ce devait être un airain de Corinthe, un ouvrage du meilleur temps, peut-être une fonte de Lysippe !

« Ce pied fera mon affaire », dis-je au marchand, qui me regarda d'un air ironique et sournois en me tendant l'objet demandé pour que je pusse l'examiner plus à mon aise.

Je fus surpris de sa légèreté ; ce n'était pas un pied de métal, mais bien un pied de chair, un pied embaumé, un pied de momie : en regardant de près, l'on pouvait distinguer le grain de la peau et la gaufrure presque imperceptible imprimée par la trame des bandelettes. Les doigts étaient fins, délicats, terminés par des ongles parfaits, purs et transparents comme des agathes ; le pouce, un peu séparé, contrariait heureusement le plan des autres doigts à la manière antique, et lui donnait une attitude dégagée, une sveltesse de pied d'oiseau ; la plante, à peine rayée de quelques hachures invisibles, montrait qu'elle n'avait jamais touché la terre, et ne s'était trouvée en contact qu'avec les plus fines nattes de roseaux du Nil et les plus moelleux tapis de peaux de panthères.

« Ha ! Ha ! Vous voulez le pied de la princesse Hermonthis, dit le marchand avec un ricanement étrange, en fixant sur moi ses yeux de hibou : Ha ! Ha ! Ha ! Pour un serre-papier ! idée originale, idée d'artiste ; qui aurait dit au vieux Pharaon que le pied de sa fille adorée servirait de serre-papier l'aurait bien surpris, lorsqu'il faisait creuser une montagne de granit pour y mettre le triple cercueil peint et doré, tout couvert d'hiéroglyphes avec de belles peintures du jugement des âmes, ajouta à demi-voix et comme se parlant à lui-même le petit marchand singulier.

– Combien me vendrez-vous ce fragment de momie ?
– Ah ! le plus cher que je pourrai, car c'est un morceau superbe ; si j'avais le pendant, vous ne l'auriez pas à moins de cinq cents francs : la fille d'un Pharaon, rien n'est plus rare.

Guy de Maupassant (1850-1893)
La Main, nouvelle parue dans *Le Gaulois*, le 23 décembre 1883.

Le narrateur, juge d'instruction, raconte à ses interlocuteurs une curieuse affaire qui n'a jamais été élucidée. Il s'agit du meurtre d'un Anglais, plutôt étrange et original, qui semble avoir été étranglé par un squelette. Bizarrement, l'un des objets chers à son propriétaire a disparu ce même jour. Il s'agit d'une main.

Mais, au milieu du plus large panneau, une chose étrange me tira l'œil. Sur un carré de velours rouge, un objet noir se détachait. Je m'approchai : c'était une main, une main d'homme. Non pas une main de squelette, blanche et propre, mais une main noire desséchée, avec les ongles jaunes, les muscles à nu et des traces de sang ancien, de sang pareil à une crasse, sur des os coupés net, comme d'un coup de hache, vers le milieu de l'avant-bras.

Autour du poignet, une énorme chaîne de fer, rivée, soudée à ce membre malpropre, l'attachait au mur par un anneau assez fort pour tenir un éléphant en laisse.

Je demandai :
– Qu'est-ce que cela ?
L'Anglais répondit tranquillement :
– C'été ma meilleur ennemi. Il vené d'Amérique. Il avé été fendu avec le sabre et arraché la peau avec une caillou coupante, et séché dans le soleil pendant huit jours. Aoh, très bonne pour moi, cette.

Je touchai ce débris humain qui avait dû appartenir à un colosse. Les doigts, démesurément longs, étaient attachés par des tendons énormes que retenaient des lanières de peau par places. Cette main était affreuse à voir, écorchée ainsi, elle faisait penser naturellement à quelque vengeance de sauvage.

Je dis :

– Cet homme devait être très fort.

L'Anglais prononça avec douceur :

– Aoh yes ; mais je été plus fort que lui. J'avé mis cette chaîne pour le tenir.

Je crus qu'il plaisantait. Je dis :

– Cette chaîne maintenant est bien inutile, la main ne se sauvera pas.

Sir John Rowell reprit gravement :

– Elle voulé toujours s'en aller. Cette chaîne été nécessaire.

D'un coup d'œil rapide, j'interrogeai son visage, me demandant :

– Est-ce un fou, ou un mauvais plaisant ?

Mais la figure demeurait impénétrable, tranquille et bienveillante. Je parlai d'autre chose et j'admirai les fusils.

Je remarquai cependant que trois revolvers chargés étaient posés sur les meubles, comme si cet homme eût vécu dans la crainte constante d'une attaque.

Gérard de Nerval (1808-1855)
La Main enchantée (1832).

L'histoire se déroule à Paris, au tout début du XVIIe siècle, sous le règne de Henri IV. Le jeune Eustache a donné en gage l'une de ses mains au bohémien Gonin en échange de la force dont il avait besoin pour mener à bien un duel. À la dernière page de la nouvelle, Eustache vient d'être exécuté, pour avoir battu (involontairement) maître Chevassut, un respectable magistrat.

L'exécuteur replanta son échelle, tâta aux pieds du pendu derrière les chevilles : le pouls ne battait plus ; il coupa une artère, le sang ne jaillit point, et le bras continuait cependant ses mouvements désordonnés.

L'homme rouge[1] ne s'étonnait pas de peu ; il se mit en devoir de remonter sur les épaules de son sujet, aux grandes huées des assistants ; mais la main traita son visage bourgeonné avec la même irrévérence qu'elle avait montrée à l'égard de maître Chevassut, si bien que cet homme tira, en jurant Dieu, un large couteau qu'il portait toujours sous ses vêtements et, en deux coups abattit la main *possédée*.

Elle fit un bond prodigieux et tomba sanglante au milieu de la foule, qui se divisa avec frayeur ; alors, faisant encore plusieurs bonds par l'élasticité de ses doigts, et comme chacun lui ouvrait un large passage, elle se trouva bientôt au pied de la tourelle du Château-Gaillard ; puis, s'accrochant encore par ses doigts, comme un crabe, aux aspérités et aux fentes de la muraille, elle monta ainsi jusqu'à l'embrasure où le bohémien l'attendait.

Belleforest s'arrête à cette conclusion singulière et termine en ces termes : « Cette aventure annotée, commentée et illustrée fit pendant longtemps l'entretien des belles compagnies comme aussi du populaire, toujours avide des récits bizarres et surnaturels ; mais c'est peut-être encore une de ces *baies*[2], bonnes pour amuser les enfants autour du feu et qui ne doivent pas être adoptées légèrement par des personnes graves et de sens rassis[3]. »

---

1. Le bourreau.
2. Mystification (terme du XVIᵉ siècle).
3. Ayant perdu sa fraîcheur.

INTERVIEW EXCLUSIVE

Pour la collection « Classiques & Contemporains », *Laurent Gaudé a accepté de répondre aux questions de Cécile Pellissier, professeur de Lettres et auteur du présent appareil pédagogique.*

Cécile Pellissier : Comment êtes-vous devenu écrivain ?

Laurent Gaudé : En écrivant, tout simplement… Le plaisir de raconter des histoires et d'essayer d'écrire des textes est assez vieux. À l'école primaire, dans le cadre de sujets libres, j'avais déjà un certain plaisir à raconter de petites histoires. Puis je me le suis un peu interdit car j'avais de gros problèmes d'orthographe. Je ne m'autorisais pas à rêver et à écrire. Après le bac, quand j'avais 18-20 ans, l'envie d'écrire est revenue et elle est passée par le théâtre. Mes premiers textes étaient des textes de théâtre.

Je pense qu'il faut avoir ce désir en soi, puis il faut lui donner toute sa chance avec honnêteté. Il y a un âge où l'on a tous envie d'écrire des poèmes ou de petits textes. La différence entre celui qui sera écrivain et celui qui ne le sera pas, c'est aussi le travail. Écrire son texte une première fois, le corriger, y revenir, le lire, prendre en compte les critiques ou les compliments, retravailler pour voir si l'on ne peut pas l'améliorer, faire une deuxième, troisième, quatrième version… Le travail d'écrivain est là. Il n'est pas dans le premier jet qui est toujours un peu euphorique et joyeux. Il s'apprend au fur et à mesure de l'écriture, tout doucement, et je n'ai pas fini d'apprendre d'ailleurs…

C. P. : Vous avez d'abord publié des pièces de théâtre, puis des romans, enfin des nouvelles… Quelle différence y a-t-il pour vous entre l'écriture dramatique, l'écriture romanesque et l'écriture d'une nouvelle ?

L. G. : Il y a des tas de petites différences. Ce ne sont pas les mêmes outils,

Interview

pas les mêmes formats… Quand je commence un roman, je sais que j'en prends pour un an ou deux. C'est une plongée assez longue et volumineuse qui peut m'amener à écrire 200 ou 250 pages. Relire l'intégralité est assez long, il faut le temps de s'y replonger, etc. Pour une pièce de théâtre, c'est tout à fait différent. Ce sont des textes plus courts. C'est une aventure qui, *a priori*, ne durera pas deux ans, mais plutôt trois ou quatre mois. C'est un autre plaisir, celui de faire quelque chose de plus bref qui demande une autre énergie, plus tendue… C'est pareil avec les nouvelles.

Puis il y a aussi la question des outils d'écriture. Quand on écrit une pièce de théâtre, on a un seul outil à disposition : la parole ou le silence. Il y a ce que les personnages disent, ce qu'ils ne disent pas, comment se construisent la parole, le dialogue, à quel rythme, il faut essayer d'être le plus juste possible.

Quand on écrit un roman ou une nouvelle, on a à disposition autre chose, qui est la voix narrative, c'est-à-dire la voix à la troisième personne du singulier. Et aussi la description des paysages, des visages, des corps, de l'action. On a une beaucoup plus grande liberté par rapport au temps et à la géographie. Au théâtre, c'est un peu plus compliqué, puisque tout est resserré au temps présent.

J'éprouve un très grand plaisir à travailler sur les nouvelles. C'est un objet plus réduit et il y a peut-être de ma part une attention plus forte au détail de la langue. Ce qui compte beaucoup pour moi dans un roman, c'est la structure, la manière dont il avance, le rythme… J'essaie de faire en sorte de ne pas perdre le lecteur en route, qu'il ait envie de nous suivre. La nouvelle étant plus ramassée, je fais du coup plus attention au détail de la langue, à sa « poésie »… Et c'est un véritable autre plaisir.

Interview

C. P. : Quel est l'emploi du temps d'un écrivain... ou, plus précisément, quel est votre emploi du temps d'écrivain ?

L. G. : Mon emploi du temps d'écrivain idéal, c'est d'écrire la nuit, tranquillement, à mon rythme. Pendant de longues années, j'ai beaucoup travaillé comme cela. C'est mon rythme naturel. Il y a une sorte de magie du silence de la nuit, du fait que tout le monde dort et que l'on a l'impression de voler du temps au monde qui nous entoure, de le faire un peu en secret. Si je pouvais, ce serait uniquement dans ces périodes-là que j'écrirais. L'écriture n'est pas que la rédaction du premier jet, il y a aussi la relecture, les corrections, même taper le texte sur ordinateur, puisque j'écris à la main. Tout cela, je le fais de jour, et je ne suis pas obligé d'être dans un endroit calme et tranquille pour lire, y compris pour relire.

Mais cela, c'est mon rythme idéal. La vie fait que l'on ne peut pas forcément faire ce que l'on veut. Depuis que j'ai des enfants en bas âge, tout cela a volé en éclats et je suis bien obligé de changer complètement de rythme ! J'ai appris à travailler non seulement le jour, mais aussi à travailler par petites séquences, en me disant : « j'ai une heure devant moi, alors je vais écrire pendant 45 minutes, ce sera toujours cela de pris ». Cela oblige à une autre concentration, il faut s'y mettre directement.

C. P. : Où avez-vous trouvé votre inspiration en écrivant ces deux nouvelles ?

L. G. : *Dans la nuit Mozambique* est née de deux choses. D'un souvenir de voyage à Lisbonne, où je suis allé quand j'avais 20 ou 25 ans. C'est une ville qui m'avait beaucoup plu. À l'époque, Lisbonne était une ville un peu endormie (je dis cela avec affection, ce n'est pas une critique), encore à l'écart de nos grandes villes nerveuses que sont Paris, Berlin, Londres, New York…

Interview

Lisbonne avait une espèce de cachet encore légèrement poussiéreux. J'aimais cette idée d'une ville un peu à l'écart de la frénésie du monde et d'amis portugais qui auraient des choses à se raconter. L'autre idée qui a fait que la nouvelle a pu prendre forme, c'est le mot « Mozambique ». Je ne connais pas le Mozambique, je n'y suis jamais allé, mais ce mot a pour moi une capacité de déclenchement d'imagination très forte, c'est un mot qui me fait « démarrer ». J'avais envie de rassembler ces deux choses-là – le souvenir d'un voyage et d'une ville réelle et, par ailleurs, le fantasme absolu qu'est pour moi le mot « Mozambique » – et de tisser quelque chose avec.

Pour *Sang négrier*, le déclencheur a été le thème, pas les lieux. J'avais envie de parler de l'esclavage, des négriers, de cette dette qu'on a vis-à-vis de l'Afrique. Il y a eu une période où l'on a beaucoup parlé de cette idée de la responsabilité, de la culpabilité, en essayant de faire tourner les mots pour voir lequel serait le plus approprié. Personnellement, je pense qu'il ne faut pas parler de culpabilité. La culpabilité ne peut concerner que les gens qui ont vécu cette époque-là. Or, moi je ne l'ai pas vécue. En revanche, je me sens totalement héritier, de par mon appartenance à la France, de cette histoire-là, et donc l'idée de dette est pour moi très importante. On a une dette vis-à-vis de l'Afrique, qu'on le veuille ou non. C'est donc ma petite manière, minuscule, de m'acquitter de cette dette-là, à travers certains textes, comme *Sang négrier*, ou de parler de ces Africains qui sont venus se battre à nos côtés en 14-18, ce que j'avais fait avec mon premier roman, *Cris*. Il faut se souvenir qu'on a vendu les Africains comme on a vendu du sucre ou du bois, avec la même morgue, le même souci de faire le plus d'argent possible, avec le même réflexe capitalistique, alors que ce sont des êtres humains. J'avais envie de parler un petit peu de cela. Et aussi parce que cela m'intéresse beaucoup de plonger dans l'âme humaine, même quand elle n'est pas forcément très belle et très relui-

Interview

sante. J'avais envie de construire une nouvelle dont le personnage principal serait un salopard, et qu'au fur et à mesure que la nouvelle avance, au lieu de le repousser en se disant « moi je ferais jamais ça », on le laisse évoluer. Sinon ce n'est pas intéressant, c'est très confortable pour le lecteur et il n'y a pas de trouble. Or c'est ce qui m'intéresse. S'il peut, le temps de la lecture, se dire non pas « je l'excuse », mais « je suis tout simplement côte à côte, je vis ce qu'il vit je vois ce qu'il voit, je tremble avec lui, je sue avec lui », du coup cela devient un peu troublant. On se demande : « Et qu'est-ce que j'aurais fait, moi ? » Ces questions-là me plongent dans la grande diversité des hommes, la laideur, la beauté de chacun d'entre nous... C'est ce que je trouve absolument passionnant dans le travail d'écriture.

C. P. : Avez-vous souhaité y dénoncer des comportements humains qui vous touchent ou vous révoltent ?

L. G. : Oui, il y avait cette idée de dette. Je le précise, je n'écris jamais en me disant que je vais essayer de donner une leçon. Cela, je crois que je l'ai appris du théâtre. Il faut toujours être derrière ses personnages, j'y crois beaucoup, même quand il s'agit d'un horrible criminel. Cela ne veut pas dire que l'auteur fait l'éloge de ce personnage, mais simplement que dans l'écriture, il faut donner à son personnage tout l'espace, toute l'opportunité de parler dont il a besoin. Par exemple, si Shakespeare ne s'était pas mis derrière ses personnages, il n'aurait pas écrit *Richard III*. Cela ne veut pas dire qu'il fait l'éloge des grands criminels. Richard III a la possibilité d'avoir du charme, des monologues absolument splendides, terrifiants mais splendides... Shakespeare a cette honnêteté vis-à-vis de ses personnages : ils doivent pouvoir parler et dire ce qu'ils ont à dire, même s'ils disent d'horribles choses. C'est cela qui m'intéresse, et j'essaye de faire la même chose, à mon niveau. Dans *Sang négrier*, j'avais envie que ce personnage raconte ce qu'il a fait, et le raconte pleinement… Mais il ne faut pas prendre le personnage avec des pincettes en disant : « Regardez, je brandis devant vous un horrible bonhomme, et c'est pour en faire un repoussoir… ». Ce n'est pas intéressant, il faut emmener le lecteur avec soi et plonger dans l'âme du personnage. Après, mon dispositif dans la nouvelle montre que ce personnage, ayant fait ce qu'il a fait, s'est totalement calciné de l'intérieur. Cela l'a brûlé, l'a hanté, l'a tué avant l'heure. À la fin, c'est un mort-vivant, il est rongé par la peur, la terreur. C'est par la structure de la nouvelle que je montre quel est mon point de vue par rapport à tout ce qu'il a fait. Mais quand il parle, il doit pouvoir le faire pleinement, sans morale d'auteur. Cela me paraît très important.

C. P. : Êtes-vous déjà allé en Afrique ? Dans quel pays ? Qu'y avez-vous découvert ?

L. G. : Je n'étais jamais allé en Afrique jusqu'à il y a trois ans, où j'ai fait un séjour extrêmement bref au Mali. Donc, tous les textes qui ont été inspirés d'une certaine manière par l'Afrique, comme *La Mort du roi Tsongor* ou *Dans la nuit Mozambique,* ont été écrits, ou imaginés, avant ce voyage-là. Et puis ce voyage a été tellement bref… L'Afrique, pour moi, fonctionne autrement. C'est une terre que je ne connais pas, une espèce de projection et de fantasme. D'ailleurs, je l'ai bien vu en allant à Bamako… L'Afrique que je pourrais rencontrer, si je la sillonnais aujourd'hui, n'a rien à voir avec l'Afrique que je décris. Dans l'Afrique d'aujourd'hui, les choses ont bougé… *La Mort du roi Tsongor*, de toute manière, est une antiquité : cela n'existe dans aucun pays d'Afrique. C'est un continent qui me fascine et qui, je ne sais pas pourquoi, me fait très vite démarrer, me donne envie de raconter des histoires. Cela produit sur moi le même effet que le mot « Mozambique » ou, par exemple, le mot « Babylone ». Quand on me dit « Babylone », ça y est, je peux vous écrire un petit texte. Il y a des mots comme ceux-là qui tirent avec eux des milliers d'années et des milliers de fantasmes, de choses irréelles et qui donnent envie d'écrire…

C. P. : De quel personnage de *Dans la nuit Mozambique* vous sentez-vous le plus proche ?

L. G. : J'aimerais vous répondre le commandant Passeo… Mais si je suis honnête avec moi-même, je dois bien dire que je n'ai pas ce goût de l'aventure. Je crois que je me sens plus proche du patron de café, Fernando… Il y a un point commun entre cette position-là et celle de l'écrivain et de l'écriture : l'une comme l'autre se charge de construire un espace dans lequel les autres vont pouvoir vivre, qu'ils vont pouvoir investir… Alors, quand c'est l'écrivain, les « autres », ce sont les personnages. Quand le personnage réel est un garçon de café, les autres, ce sont les clients. Mais finalement, ces deux positions sont assez proches.

C. P. : À votre avis, quelles peuvent être les réactions ou les sentiments de vos lecteurs à la fin de chacune des deux nouvelles ?

L. G. : Je ne peux pas me projeter dans leur esprit, mais je pense, pour l'avoir un tout petit peu expérimenté, qu'à la fin de *Dans la nuit Mozambique*, il peut y avoir un peu de frustration, et j'imagine que certains vont râler en disant : « C'est quoi une fille de Tigirka ? », « Pourquoi on ne sait pas ce que c'est ? », etc. En tout cas, cela me plairait beaucoup que ce soit une des réactions, parce que la nouvelle est construite autour de cette espèce de chose qu'on ne saura pas *in fine*. Cela me plaisait beaucoup de laisser le lecteur avec ce trou noir, mais ce n'est pas par simple sadisme, c'est aussi parce que ce n'est

Interview

pas le sujet de ma nouvelle ! Elle est là pour raconter le plaisir qu'on peut avoir à se raconter des histoires, quelles que soient les histoires.

Pour *Sang négrier*, j'espère qu'il y aura de la curiosité… c'est-à-dire que des jeunes gens peuvent ne pas savoir ce qu'on a fait au large du Sénégal, comment s'organisait la traite du « bois d'ébène », puisque c'est comme cela qu'on parlait de la traite des Noirs, avec le triangle Afrique-Europe-Amérique… Donc si ça peut déclencher cette espèce de curiosité, simplement pour connaître ce chapitre historique, c'est déjà formidable… De toute manière, ce qu'on attend toujours quand on écrit, c'est que le personnage continue à vivre un peu dans l'esprit du lecteur, à rester dans un coin de sa mémoire, quelque part… Donc si, de temps en temps, l'un des lecteurs peut penser à mon personnage de *Sang négrier*, soit pour le maudire, soit pour simplement l'évoquer à sa mémoire, c'est formidable… C'est qu'il peut vivre dans la tête des lecteurs !

Pour la collection « Classiques & Contemporains », Laurent Gaudé a accepté de répondre à d'autres questions de Cécile Pellissier ; vous pouvez retrouver la vidéo de cette seconde interview exclusive sur le site www.classiquesetcontemporains.com.

INFORMATION/DOCUMENTATION

BIBLIOGRAPHIE
• **Œuvres de Laurent Gaudé**
Romans :
– *Cris*, Actes Sud, 2001.
– *La Mort du roi Tsongor*, Actes Sud, 2002 (prix Goncourt des lycéens 2002).
– *Le Soleil des Scorta*, Actes Sud, 2004 (prix Goncourt 2004).
– *Eldorado*, Actes Sud, 2006.
Nouvelles :
– *Dans la nuit Mozambique*, Actes Sud, 2007.
Théâtre :
– *Combats de possédés*, Actes Sud-Papiers, 1999.
– *Onysos le furieux*, Actes Sud-Papiers, 2000.
– *Pluie de cendres*, Actes Sud-Papiers, 2001.
– *Cendres sur les mains*, Actes Sud-Papiers, 2002.
– *Le Tigre bleu de l'Euphrate*, Actes Sud-Papiers, 2002.
– *Salina*, Actes Sud-Papiers, 2003.
– *Médée Kali*, Actes Sud-Papiers, 2003.
– *Les Sacrifiées*, Actes Sud-Papiers, 2004.
– *Sofia Douleur*, Actes Sud-Papiers, 2008.

• **Sur la traite des Noirs, les conditions de vie des esclaves, l'abolition de l'esclavage**
– Alex Haley, *Racines*, J'ai Lu, 1999.
– Prosper Mérimée, *Tamango*, « Classiques & Contemporains », Magnard, 2001.
– Herman Melville, *Benito Cereno*, « Folio bilingue », Gallimard, 1994.
– Harriet Beecher Stowe, *La Case de l'oncle Tom*, Livre de Poche, 2005 et « Classiques abrégés », L'école des loisirs, 2008.
– Serge Patient, *Le nègre du Gouverneur*, Pocket, 2007.
– Gilles Gauvin, *Abécédaire de l'esclavage des Noirs*, Dapper, 2007.
– Julia Ferloni, *Marchands d'esclaves, la traite des Noirs 1520-1848*, « Grande Bibliothèque Thalassa », De Conti, 2006.
– François Bourgeon, *Les Passagers du vent, tome 5 ; Le Bois d'ébène*, Casterman, 1994.

• **Sur la culture et les traditions africaines**
– Camara Laye, *L'Enfant noir*, Pocket, 2007.
– Birago Diop, *Les Contes d'Amadou Koumba*, Présence africaine, 2004.
– René Maran, *Batouala*, « Classiques & Contemporains », Magnard, 2002.

– Amadou Hampâté Bâ, *Petit Bodiel*, Stock, 1994
– *Il n'y a pas de petite querelle – Nouveaux contes de la savane*, Stock, 1999.
– Kama Kamanda, *Les Contes du griot – Les contes des veillées africaines*, « Classiques & Contemporains », Magnard, 2005.
– Anne W. Faraggi, *Contes et mythes des Maasaï, un peuple d'Afrique de l'Est*, Actes Sud Junior, 2007.
– Patrick Banon, *Dico des signes et symboles religieux*, Actes Sud Junior, 2006.

• **Récits fantastiques**
– *9 Nouvelles fantastiques de l'Antiquité à nos jours*, « Castor Poche – Série Contes, légendes et récits », Flammarion, 2005.
– *Nouvelles fantastiques*, « Classiques et Contemporains », Magnard, 2001.
– *Suite fantastique – Onze Nouvelles de Charles Nodier à Roland Topor*, « Points Virgule », Points, 2002.
– *La Grande Anthologie du fantastique*, 8 volumes, Presses Pocket, 1977 (édition malheureusement épuisée en librairie, à consulter à la médiathèque).

FILMOGRAPHIE

– *Rue Cases Nègres*, film réalisé en 1983 par Euzhan Palcy (d'après le roman de Joseph Zobel), 2005.
– *Racines*, coffret de la série réalisée en feuilletons par M. J Chomsky et J. Erman, d'après le roman de Alex Haley, Édition 30e anniversaire, 2007.

VISITES

– Musée du quai Branly, 37, quai Branly, 75007 Paris. Tél. : 01 56 61 70 00.
Mardi, mercredi, dimanche : de 11 h à 19 h. Jeudi, vendredi, samedi : jusqu'à 22 h.
– Musée africain, 150, cours Gambetta, 69361 Lyon cedex 07.
Tél. : 04 78 61 60 98. Du mercredi au dimanche : de 14 h à 18 h.

INTERNET

• **Textes et étapes de l'abolition de l'esclavage**
www.assemblee-nationale.fr/histoire/esclavage/abolition.asp
• **Sur l'île de Gorée et la maison des esclaves**
http://webworld.unesco.org/goree/fr/index.shtml
• **Interview exclusive de Laurent Gaudé par Cécile Pellissier**
www.classiquesetcontemporains.com

Classiques & Contemporains

1. **Mary Higgins Clark,** *La Nuit du renard*
2. **Victor Hugo,** *Claude Gueux*
3. **Stephen King,** *La Cadillac de Dolan*
4. **Pierre Loti,** *Le Roman d'un enfant*
5. **Christian Jacq,** *La Fiancée du Nil*
6. **Jules Renard,** *Poil de Carotte* (comédie en un acte), suivi de *La Bigote* (comédie en deux actes)
7. **Nicole Ciravégna,** *Les Tambours de la nuit*
8. **Sir Arthur Conan Doyle,** *Le Monde perdu*
9. **Poe, Gautier, Maupassant, Gogol,** *Nouvelles fantastiques*
10. **Philippe Delerm,** *L'Envol*
11. *La Farce de Maître Pierre Pathelin*
12. **Bruce Lowery,** *La Cicatrice*
13. **Alphonse Daudet,** *Contes choisis*
14. **Didier van Cauwelaert,** *Cheyenne*
15. **Honoré de Balzac,** *Sarrazine*
16. **Amélie Nothomb,** *Le Sabotage amoureux*
17. **Alfred Jarry,** *Ubu roi*
18. **Claude Klotz,** *Killer Kid*
19. **Molière,** *George Dandin*
20. **Didier Daeninckx,** *Cannibale*
21. **Prosper Mérimée,** *Tamango*
22. **Roger Vercel,** *Capitaine Conan*
23. **Alexandre Dumas,** *Le Bagnard de l'Opéra*
24. **Albert t'Serstevens,** *Taïa*
25. **Gaston Leroux,** *Le Mystère de la chambre jaune*
26. **Éric Boisset,** *Le Grimoire d'Arkandias*
27. **Robert Louis Stevenson,** *Le Cas étrange du Dr Jekyll et de M. Hyde*
28. **Vercors,** *Le Silence de la mer*
29. **Stendhal,** *Vanina Vanini*
30. **Patrick Cauvin,** *Menteur*
31. **Charles Perrault, Mme d'Aulnoy, etc.,** *Contes merveilleux*
32. **Jacques Lanzmann,** *Le Têtard*
33. **Honoré de Balzac,** *Les Secrets de la princesse de Cadignan*
34. **Fred Vargas,** *L'Homme à l'envers*
35. **Jules Verne,** *Sans dessus dessous*
36. **Léon Werth,** *33 Jours*
37. **Pierre Corneille,** *Le Menteur*
38. **Roy Lewis,** *Pourquoi j'ai mangé mon père*
39. **Charles Baudelaire,** *Les Fleurs du Mal*
40. **Yasmina Reza,** *« Art »*
41. **Émile Zola,** *Thérèse Raquin*
42. **Éric-Emmanuel Schmitt,** *Le Visiteur*
43. **Guy de Maupassant,** *Les deux Horla*
44. **H. G. Wells,** *L'Homme invisible*
45. **Alfred de Musset,** *Lorenzaccio*
46. **René Maran,** *Batouala*
47. **Paul Verlaine,** *Confessions*
48. **Voltaire,** *L'Ingénu*

49 **Sir Arthur Conan Doyle,** *Trois Aventures de Sherlock Holmes*
50 *Le Roman de Renart*
51 **Fred Uhlman,** *La lettre de Conrad*
52 **Molière,** *Le Malade imaginaire*
53 **Vercors,** *Zoo ou l'assassin philanthrope*
54 **Denis Diderot,** *Supplément au Voyage de Bougainville*
55 **Raymond Radiguet,** *Le Diable au corps*
56 **Gustave Flaubert,** *Lettres à Louise Colet*
57 **Éric-Emmanuel Schmitt,** *Monsieur Ibrahim et les fleurs du Coran*
58 **George Sand,** *Les Dames vertes*
59 **Anna Gavalda, Dino Buzzati, Julio Cortázar, Claude Bourgeyx, Fred Kassak, Pascal Mérigeau,** *Nouvelles à chute*
60 **Maupassant,** *Les Dimanches d'un bourgeois de Paris*
61 **Éric-Emmanuel Schmitt,** *La Nuit de Valognes*
62 **Molière,** *Dom Juan*
63 **Nina Berberova,** *Le Roseau révolté*
64 **Marivaux,** *La Colonie* suivi de *L'Île des esclaves*
65 **Italo Calvino,** *Le Vicomte pourfendu*
66 *Les Grands Textes fondateurs*
67 *Les Grands Textes du Moyen Âge et du XVIe siècle*
68 **Boris Vian,** *Les Fourmis*
69 *Contes populaires de Palestine*
70 **Albert Cossery,** *Les Hommes oubliés de Dieu*
71 **Kama Kamanda,** *Les Contes du Griot*
72 **Bernard Werber,** *Les Fourmis* (Tome 1)
73 **Bernard Werber,** *Les Fourmis* (Tome 2)
74 **Mary Higgins Clark,** *Le Billet gagnant et deux autres nouvelles*
75 *90 poèmes classiques et contemporains*
76 **Fred Vargas,** *Pars vite et reviens tard*
77 **Roald Dahl, Ray Bradbury, Jorge Luis Borges, Fredric Brown,** *Nouvelles à chute 2*
78 **Fred Vargas,** *L'Homme aux cercles bleus*
79 **Éric-Emmanuel Schmitt,** *Oscar et la dame rose*
80 **Zarko Petan,** *Le Procès du loup*
81 **Georges Feydeau,** *Dormez, je le veux !*
82 **Fred Vargas,** *Debout les morts*
83 **Alphonse Allais,** *À se tordre*
84 **Amélie Nothomb,** *Stupeur et Tremblements*
85 *Lais merveilleux des XIIe et XIIIe siècles*
86 *La Presse dans tous ses états – Lire les journaux du XVIIe au XXIe siècle*
87 *Histoires vraies – Le Fait divers dans la presse du XVIe au XXIe siècle*
88 **Nigel Barley,** *L'Anthropologie n'est pas un sport dangereux*
89 **Patricia Highsmith, Edgar A. Poe, Guy de Maupassant, Alphonse Daudet,** *Nouvelles animalières*
90 **Laurent Gaudé,** *Voyages en terres inconnues – Deux récits sidérants*
91 **Stephen King,** *Cette impression qui n'a de nom qu'en français et trois autres nouvelles*
92 **Dostoïevski,** *Carnets du sous-sol*
93 **Corneille,** *Médée*
94 **Max Rouquette,** *Médée*
95 **Boccace, E.A. Poe, P.D. James, T.C. Boyle, etc.,** *Nouvelles du fléau – Petite chronique de l'épidémie à travers les âges*
96 *La Résistance en prose – Des mots pour résister*
97 *La Résistance en poésie – Des poèmes pour résister*

Couverture
Conception graphique : Marie-Astrid Bailly-Maître
Illustration : Frédéric Bélonie

Intérieur
Conception graphique : Marie-Astrid Bailly-Maître
Réalisation : Nord Compo, Villeneuve-d'Ascq

Aux termes du Code de la propriété intellectuelle, « toute reproduction ou représentation intégrale ou partielle de la présente publication, faite par quelque procédé que ce soit (reprographie, microfilmage, scannérisation, numérisation...) sans le consentement de l'auteur ou de ses ayants droit ou ayants cause, est illicite et constitue une contrefaçon sanctionnée par les articles L. 335-2 et suivants du Code de la propriété intellectuelle ».
L'autorisation d'effectuer des reproductions par reprographie doit être obtenue auprès du Centre français d'exploitation du droit de copie (C.F.C.) – 20, rue des Grands-Augustins – 75006 PARIS – Tél. : 01 44 07 47 70 – Fax : 01 46 34 67 19.

© **Éditions Actes Sud, 2007.**
© **Éditions Magnard, 2008,**
pour la présentation, les notes, les questions,
l'après-texte et l'interview exclusive.

www.magnard.fr
www.classiquesetcontemporains.com

Achevé d'imprimer en avril 2008 par Aubin Imprimeur
N° d'éditeur : 2008/180 - Dépôt légal avril 2008 - N° d'impression L 72070
Imprimé en France